PLAN

DU

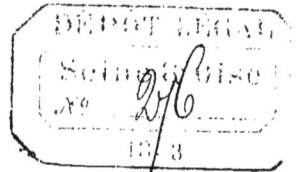

OURS DE DROIT ROMAIN

PROFESSÉ A LA FACULTÉ DE DROIT DE RENNES

PAR

M. C.-E. BODIN

DOYEN DE LA FACULTÉ
CHEVALIER DE LA LÉGION D'HONNEUR

NOUVELLE ÉDITION ENTIÈREMENT REFONDUE

TOME PREMIER

PARIS
ARTHUR ROUSSEAU, ÉDITEUR
14, RUE SOUFFLOT, 14

RENNES
VERDIER FILS AÎNÉ
5, RUE MOTTE-FABLET, 5

1883

PLAN

DU

COURS DE DROIT ROMAIN

CORBEIL. — TYP. ET STÉR. B. RENAUDET.

PLAN

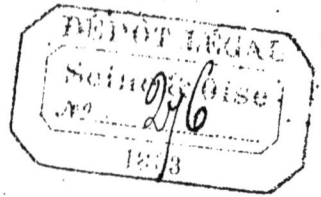

DU

COURS DE DROIT ROMAIN

PROFESSÉ A LA FACULTÉ DE DROIT DE RENNES

PAR

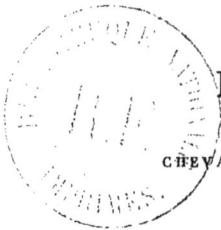

M. C.-E. BODIN

DOYEN DE LA FACULTÉ,
CHEVALIER DE LA LÉGION D'HONNEUR.

—

TOME PREMIER

PARIS
Arthur ROUSSEAU, ÉDITEUR
14, RUE SOUFFLOT, 14

RENNES
VERDIER FILS Aîné
5, RUE MOTTE-FABLET, 5

—

1883

AVERTISSEMENT

Ceci n'est pas un livre d'érudition, c'est encore moins un manuel : c'est le plan du cours que je professe à la faculté de droit de Rennes depuis vingt-neuf ans. Ce petit livre a été composé pour mes élèves, aussi je ne lui avais donné aucune publicité, bien qu'il soit parvenu à sa troisième édition : M. Rousseau a pensé qu'il pouvait être utile à d'autres : je le lui remets revu et augmenté principalement de nombreuses définitions : *Omnis definitio periculosa.*

Les élèves laborieux, qui seuls peuvent en profiter, y trouveront surtout *une méthode.* J'aurais voulu la rendre moins imparfaite, mais il fallait laisser au droit romain sa physionomie propre, et, d'un autre côté, j'ai été gêné par le programme officiel. Cependant je me suis permis de comprendre dans le premier volume tous les *modes d'acquisition per universitatem,* et de ne m'occuper des *donations et de la dot* que dans le second : tous ceux qui enseignent le droit romain comprendront mes motifs sans qu'il soit nécessaire de les expliquer ici.

Pour renvoyer aux textes des Pandectes et du Code, je me suis contenté d'indiquer la rubrique du titre ; il est sans doute plus commode d'ajouter le n° du livre et du titre : mais l'expérience m'a prouvé qu'à force d'aider les élèves, ils finissent leurs études sans avoir appris l'ordre des grandes compilations de Justinien qu'un travail de quelques jours suffit pour faire connaître.

RENNES, 15 novembre 1882.

PLAN

COURS DE DROIT ROMAIN

INTRODUCTION GÉNÉRALE

(Inst. de Just. *Proœmium*, liv. I, tit. 1 et 2; liv. IV, tit. 18.)

TITRE PREMIER

DÉFINITION, PRÉCEPTES ET DIVISION DU DROIT (1)

SECTION I⟶. — Définitions générales.

I. Définition du mot *Lex :* — 1° Dans son sens le plus général, on entend par ce mot *une règle imposée par un supérieur légitime.* — 2° Les lois sont *divines* ou *humaines* (2). — 3° Les lois divines sont physiques ou morales ; les premières régissent la matière, les secondes s'adressent à des agents

---

(1) Dig., *de Just. et jure*, passim.
(2) Cicer., *De leg.*, I, 24. — *Tuscul.*, I, 30. — *De nat. deor.*, passim. — Inst. Just., 1, 2, § 11. — Dig., *De legib.*, L. 2. — Il ne s'agit pas ici d'adhérer à une religion déterminée ; il est seulement essentiel de proclamer, avec les textes que nous venons de citer, qu'il existe un principe su-

périeur, créateur ou au moins organisateur de l'ordre physique et moral dans l'univers. Sans cette base, la science du droit ne se comprendrait même pas, puisqu'elle se bornerait à l'étude d'une série de règles qui dépendraient arbitrairment du caprice des législateurs humains.

libres; les lois humaines sont seulement morales. — 4° Pourquoi des législateurs humains puisqu'il y a un législateur divin? Leur mission est essentielle pour proclamer d'autorité la loi divine après l'avoir découverte par un travail assidu et consciencieux, en régler les détails, et la sanctionner dès cette vie *dans le cercle déterminé par les nécessités de l'ordre social.* — 5° Quel est le sens et quelle est la valeur de la division des lois en *immuables* et *arbitraires* (1)? — 6° Autres acceptions du mot *lex.*

II. Définition du mot *Jus :* — 1° *Jus* dans le sens de loi morale appliquée aux rapports nécessaires des hommes entre eux (*quod jussum est*). — 2° *Jus* dans le sens de faculté légale.—*a*, Les facultés légales apparaissent à l'esprit sous forme de liens immatériels (*vincula juris*) (2). — A tout *droit* correspond un *devoir;* c'est le même lien envisagé activement dans un cas, passivement dans l'autre. — Les *Jura*, dans ce second sens du mot, constituent le véritable objet de notre étude. — *b*, Pour connaître chaque droit, il faut examiner les six questions suivantes : — les sujets du droit (ou personnes), — l'objet du droit (qui est souvent une chose), — les modes d'acquisition du droit, — les modalités qui peuvent affecter le droit (terme, condition), — les modes d'extinction du droit, — l'action qui garantit le droit. — 3° *Jus* dans le sens de science du droit (3). — 4° Autres acceptions du mot *Jus.*

III. Définition du mot *Justitia* (4). — Acception moderne du mot *justice.*

IV. Définition du mot *Jurisprudentia* (5). — Acception moderne du mot *jurisprudence.*

SECTION II. — Préceptes du droit.

1° *Honeste vivere, alterum non lædere, suum cuique tribuere* (6). — 2° Le premier de ces préceptes est-il un précepte de droit? — Quelle est l'importance pratique de ces préceptes?

SECTION III. — Division du droit.

§ 1. — Droit public, droit privé (7).

1° Le droit public règle les rapports de l'État avec les particuliers et les autres États; le droit privé règle les rapports des particuliers entre eux. — 2° Les Institutes sont un traité de droit privé. — 3° Cette division du droit,

---

(1) Inst. Just., I, 2, § 11.
(2) *Ibid.*, III, 13, pr.
(3) Dig., *De Just. et Jur.* L. 1, pr.

(4) Inst., Just., I, 1, pr.
(5) *Ibid.*, § 1.
(6) *Ibid.*, § 3.
(7) *Ibid.*, § 4.

indiquée par les jurisconsultes romains comme étant la première, ne doit-elle pas être précédée d'une autre en droit *déterminateur* (ou qui fixe les droits et les devoirs), droit *sanctionnateur* (1) (ou qui a pour but d'amener le respect du droit déterminateur par la terreur de la peine ou l'attrait de la récompense) ?

§ 2. — Sous-division du droit privé.

I. Au point de vue de sa *source :* — 1° *Droit naturel, droit des gens, droit civil* (2). — D'après Ulpien (3), copié par les Institutes, le droit naturel aurait pour source la *nature* et s'appliquerait à tous les *êtres animés ;* le droit des gens aurait pour source la *raison naturelle* telle qu'elle est constatée par l'universalité des nations (*gentes*) et s'appliquerait à tous les membres de l'espèce humaine ; le droit civil aurait pour source le commandement du législateur d'une nation particulière (*civitas*) et ne s'appliquerait qu'aux citoyens de cette nation. — Cette division, telle qu'elle est exposée, n'est-elle pas inexacte ? Ne convient-il pas de distinguer le *droit naturel* (ou divin) et le *droit positif* (ou humain), et de sous-diviser ce dernier en *droit des gens, droit civil ?* — Dans quel ordre chronologique s'est développée et se développe encore la notion de ces diverses sources du droit ? — Quelle était l'utilité de cette division ? — Qu'est-ce que l'équité par opposition au droit ? — Les mots droit des gens, droit civil, n'ont-ils pas encore d'autres sens ? — 2° Sous-division du droit civil en *droit écrit* (ou émané d'un législateur politique), *droit non écrit* (4) (ou émané de la coutume). — Origine inexacte de cette division indiquée par Justinien (5). — 3° Sous-division du droit écrit en *lois, plébiscites, sénatus-consultes, constitutions impériales, édits des magistrats, réponses des prudents* (6).

II. Au point de vue de son *objet :* — 1° *Droit des personnes, droit des choses, droit des actions* (7). — 2° Cette division, quoique suivie par un grand nombre de législations modernes, est-elle exacte ? Il faut répondre négativement et même affirmer qu'elle est une entrave au progrès scientifique. — La vérité est que le droit privé a deux objets (8), la *famille* et le *patrimoine*, et qu'il y a lieu d'examiner chaque droit de famille et chaque droit de patrimoine aux six points de vue précédemment indiqués.

(1) Inst. Just., II, 1, § 10.
(2) Inst. Just., I, 2, pr., §§ 1, 2, 11. — Gaii, *Comm.*, 1, § 1.
(3) Dig., *De Just. et jur.*, L. 2, § 3 ; L. 6, pr.
(4) Inst. Just., I, 2, §§ 3, 9. — Ulp., *Regl.*, § 4.

(5) Inst. Just., I, 2, § 10.
(6) *Ibid.*, § 3.
(7) *Ibid.*, I, 3, pr.
(8) Il y en a en réalité un troisième: *La sécurité individuelle.* Toute personne a le droit, vis-à-vis de ses semblables, de conserver sa vie, son

III. Au point de vue de son *histoire* (1) : — 1º Période d'enfance, ou de la loi des XII Tables, ou du droit civil par excellence. — 2º Période d'adolescence ou du droit prétorien. — 3º Période de virilité, ou de la philosophie stoïcienne, ou des jurisconsultes classiques. — 4º Période de vieillesse, ou du Christianisme, ou du Bas-Empire.

§ 3. — Sous-division du droit public.

I. Au point de vue de sa *source :* — La sous-division est la même que pour le droit privé.

II. Au point de vue de son *objet :* — 1º Pouvoir législatif. — 2º Pouvoir administratif. — 3º Pouvoir judiciaire. — 4º Pouvoir international. — 5º Pouvoir sacerdotal (2).

III. Au point de vue de son *histoire :* — 1º Période royale. — 2º Période républicaine. — 3º Période impériale, qui se divise en deux époques : d'Auguste à Dioclétien ou Constantin, de Dioclétien ou Constantin à la fin des deux empires.

TITRE DEUXIÈME

NOTIONS ÉLÉMENTAIRES SUR LES POUVOIRS PUBLICS (3)

I

DES POUVOIRS PUBLICS A ROME

SECTION Iʳᵉ. — Du pouvoir législatif.

§ 1ᵉʳ. — Période royale.

I. Généralités. — 1º Les actes législatifs de cette période portaient le nom

---

honneur, etc. Mais les législations positives se sont toujours contenté de supposer l'existence de ces droits et de les sanctionner au point de vue pénal.

(1) Cic., *De leg.*, I, 5. — Il y a eu une période préhistorique sur laquelle on ne peut faire que des hypothèses plus intéressantes pour l'archéologue que pour le jurisconsulte (Fustel de Coulanges, *La cité antiq.*).

(2) Cette division, suffisante pour notre objet, est incomplète quoique plus exacte que celle d'Ulpien (Dig., *De Just. et jur.*, L. 1, § 2).

(3) Dig., *De orig. jur.*, passim. — Voyez aussi Dig., liv. I, tit. 9 à 22. — Cod. Just., liv. I, tit. 26 à 57.

de *Leges*. — 2º Distinction de l'initiative et du vote de la loi. — 3º Rôle du roi. — 4º Rôle du Sénat. — 5º Rôle des comices.

II. — Lois curiates : — 1º Patriciens, Plébéiens. — Cette division s'est-elle confondue, au moins à l'origine, avec celle des patrons et des clients ? — 2º Tribus, curies, *gentes*. — 3º Comment la loi était-elle votée dans les comices par curies ? — 4º Dans ce système, l'influence appartenait à l'aristocratie de naissance.

III. Lois centuriates (1) : — 1º Réforme de Servius Tullius, à la fois militaire, financière et politique. — 2º Classes, centuries. — *Seniores*, *Juniores*. — 3º Comment la loi était-elle votée dans les comices par centuries ? — 4. Dans ce système, l'influence appartenait à l'aristocratie de fortune et à l'âge.

§ 2. — Période républicaine.

Iº Lois : — 1. Les comices par curies ne firent plus de lois à proprement parler. — 2º Les comices par centuries (*Maximus comitiatus*) continuèrent à fonctionner. — Leur organisation fut d'ailleurs modifiée dans un sens plus favorable à la plèbe (2), mais la présentation du projet de loi appartint toujours à un magistrat sénatorial.

II. Plébiscites (3) : — 1º Comment la plèbe a-t-elle obtenu le pouvoir législatif ? — Loi *Hortensia*. — 2º Rôle des tribuns. — 3º Comment le plébiscite était-il voté dans les comices par tribus ? — 4º Dans ce système, l'influence appartenait au nombre ; cependant, grâce à la division des tribus en *urbaines* et *rurales*, l'aristocratie de fortune finit par reconquérir une partie de sa prépondérance (4). — 5º Remarques communes aux lois et aux plébiscites (5).

III. Sénatus-consultes : — 1º Organisation du Sénat. — 2º Comment le Sénat a-t-il obtenu le pouvoir législatif ? — 3º Pouvait-il faire à cette époque des lois de droit privé ?

IV. Édits des magistrats (6) : — 1º *Prætor Urbanus*, *Prætor Peregrinus*. — 2º Comment se produisait l'autorité législative des préteurs ? — 3º Comment les préteurs ont-ils obtenu le pouvoir législatif ? — Notamment y a-t-il eu de leur part usurpation soutenue par l'opinion publique, ou exercice régulier de la mission pour laquelle ils avaient été créés ? — 4º *Edicta repentina*, *edicta perpetua*, *edicta translatitia*. — Loi *Cornelia*. — 5º Édits des Édiles. —

(1) Inst. Just., I, 2, § 4. — Tite-Live, I, 43. — Cicéron, *De republ.*, II.
(2) Denis d'Hal., IV, 21. — T.-Liv.I,43.
(3) Inst. Just., I, 2, § 4. — Gaii, *Comm.*, I, § 3.

(4) Tit.-Liv., IX, 46 ; XL, 51.
(5) Ulp., *Regl.*, § 3.
(6) Inst. Just., I, 2, § 7. — Gaii, *Comm.*, I, § 6.

6º Qu'est-ce que le *droit honoraire* (1) ? — 7º Caractère du droit honoraire. Il intervenait *adjuvandi, supplendi vel corrigendi juris civilis gratia* (2). — 8º Le conflit entre le droit civil et le droit honoraire constitue la partie la plus originale du droit Romain. — C'est le droit honoraire qui a fini par triompher.

§ 3. — Période impériale.

I. Lois et plébiscites : — 1º La qualification de *lex* était fréquemment donnée aux plébiscites à cette époque. — 2º On n'en rencontre plus, à proprement parler, après Tibère.

II. Sénatus-consultes (3) : — 1º Sous Tibère, le pouvoir législatif du Sénat est entré dans une phase nouvelle (4). — 2º Les sénatus-consultes ont été très fréquents sous les douze premiers empereurs. — 3º Qu'était-ce que l'*oratio principis* ? — que les *candidati principis* (5) ?

III. Édits des magistrats : — Les magistrats ont-ils conservé le droit de faire des édits après Adrien ?

IV. Constitutions impériales (6) : — 1º A quelle époque les empereurs ont-ils commencé à exercer le pouvoir législatif ? — 2º Comment les empereurs ont-ils obtenu le pouvoir législatif ? — Loi *Regia*. — 3º Comment s'élaboraient les constitutions impériales ? — 4º Division des constitutions impériales : — Rescrits, décrets, édits. — Constitutions générales, constitutions spéciales.

V. Réponses des prudents (7) : — 1º Qu'était-ce que les *prudentes* ? — Diverses phases de la législation sur le droit de donner des réponses. — 2º Réponses des prudents considérées comme source du droit non écrit. — 3º Réponses des prudents considérées comme source du droit écrit. — Exposé des divers systèmes qui existent sur ce point.

SECTION II. — Du pouvoir administratif.

§ 1er. — Période royale.

1º Le roi. — 2º Les *tribuni celerum*. — 3º Le sénat.

---

(1) Dig., *De orig. jur.*, L. 7.
(2) *Ibid.*, L. 7, § 1.
(3) Inst. Just., I, 2, § 5. — Gaii, *Comm.*, § 4.
(4) Tacite, *Annales*, I, 15.

(5) Dig., *De off. quæst.*, L. I, § 4.
(6) Inst. Just., I, 2, § 6.
(7) *Ibid.*, I, 2, § 8. — Gaii, *Comm.*, I, § 7.

§ 2. — Période républicaine.

1º Les consuls. — 2º Le dictateur. — 3º Les tribuns de la plèbe. — 4º Les édiles. — 5º Les censeurs. — 6º Les questeurs. — 7º Le sénat.

§ 3. — Période impériale.

1º L'empereur. — 2º Le *sacrum consistorium* ou *auditorium*. — 3º Les préfets du prétoire. — 4º Le *quæstor sacri palatii*, les *magistri equitum et peditum*. — Les *comites sacri ærarii et rei privatæ*. — 5º Le *præfectus urbi*. — 6º Le sénat.

SECTION III. — Du pouvoir judiciaire.

§ 1ᵉʳ. — Dupouvoir judiciaire en matière civile.

I. On peut ici distinguer trois périodes, quoique les systèmes de procédure aient empiété lentement l'un sur l'autre : — La première finit vers Cicéron. — La seconde vers Dioclétien. — La troisième durait encore à l'époque de Justinien.

II. Système des actions de la loi ou du vieux droit civil : — 1º Distinction de l'instance *in jure* et de l'instance *in judicio*. — 2º Des magistrats. — 3º Des juges. — 4º Caractère de la procédure.

III. Système de la procédure formulaire ou du droit prétorien : — 1º La distinction des deux instances persistait. — 2. Des magistrats — 3º Des juges : — *Judices*, — *Arbitri*, — *Recuperatores*, — *Centumviri*. — 4º Caractère de la procédure. — 5º Notions élémentaires de procédure : — *Vocatio in jus*, — *Controversia*. — Qu'était-ce qu'une *formule*? Quelles en étaient les diverses parties, et spécialement de la *demonstratio*, de l'*intentio*, de la *condemnatio*? — Quel était le sens du mot *action* à cette époque? — Qu'était-ce qu'une *action préjudicielle*? — Qu'était-ce qu'une *exception*? — *Litis contestatio*. — *Lis*. — *Sententia*: Toute condamnation était pécuniaire sous ce système.

IV. Système de la procédure extraordinaire ou du droit Impérial : — 1º La distinction des deux instances était supprimée. — 2º Des magistrats. — 3º Caractère de la procédure.

§ 2. — Du pouvoir judiciaire en matière criminelle (1).

1º Système primitif. — 2º Système des *quæstiones perpetuæ*. — 3º Système des *cognitiones extraordinariæ*.

(1) Inst. Just., IV, 18.

SECTION IV. — Du pouvoir international.

1º Des magistrats qui représentaient le peuple romain à l'égard des autres nations. — Qu'était-ce que les *féciaux?* — 2º État de guerre. — 3º État de paix.

SECTION V. — Du pouvoir sacerdotal.

I. Époque païenne : — Des collèges de pontifes. — Leurs attributions et prérogatives principales. — Les Romains distinguaient les *sacra publica* et les *sacra privata*; les *sacra privata* ont eu une influence considérable sur le développement de leur droit privé. — *Jus sacrum.*

II. Époque chrétienne.

II

DES POUVOIRS PUBLICS EN ITALIE ET DANS LES PROVINCES

§ 1er. — Période royale.

§ 2. — Période républicaine.

I. De l'Italie : — 1º Jusqu'au VIIe siècle, la condition des cités a été très diverse : — Municipes (*cum* ou *sine suffragio*). — Cités latines, — Cités alliées (notamment *populi fundi*). — Cités réduites à l'état de provinces (Préfectures). — 2º Guerre sociale, conquête de l'unité. — 3. Organisation intérieure de chaque cité : — *Curiales (minor senatus)*, — *Duumviri*, — *Quinquennalis*, — *Curator*.

II. Des provinces : — 1º Du président de la province. — 2. Quelques cités obtinrent par faveur le régime privilégié qu'avaient eu autrefois certaines cités d'Italie, mais la masse était réduite à l'état de provinces. — Qu'est-ce que le *Jus Italicum* que certaines cités reçurent vers la fin de la République (1)? — 3º Organisation intérieure de chaque cité.

§ 3. — Période impériale.

I. Époque d'Auguste à Constantin : — 1º Amélioration du sort des provinces. — 2º Leur séparation entre César et le Sénat. — Provinces tributaires, provinces stipendiaires. — 3º Du président de la province, du procureur de César, des questeurs (2). — 4º L'uniformité tendit de plus en plus à s'établir dans le régime des cités.

(1) Dig., *De cens.*
(2) Gaii,, *Comm.* 1, § 6.

II. Époque de Constantin à Justinien : — 1º Séparation de l'administration générale, des finances et de la guerre. — 2º Préfectures. — Préfets du prétoire. — 3º Diocèses. — Vicaires. — 4. Provinces. — Présidents, *Rationales, Duces*. — 5º Cités. — Curiales. — Défenseurs des cités.

TITRE TROISIÈME

HISTOIRE EXTERNE DU DROIT ROMAIN

SECTION Iʳᵉ. — Généralités.

1º Qu'entend-on par histoire externe et par histoire interne du droit ? — 2º Quelles sont les principales questions que l'histoire externe du droit a pour mission de résoudre ? — 3º Division de l'histoire externe du droit romain en quatre parties.

SECTION II. — Documents antérieurs à Justiniens (1).

1. Des lois : — 1º *Jus Papirianum*. — (*Leges regiæ*) (2) — 2º *Loi des* XII *Tables*.—Quelles sont les circonstances qui ont amené la rédaction de cette loi ? — Comment et par qui a-t-elle été élaborée et votée ? — Quel est le caractère de cette loi et quelle a été son influence sur le développement du droit romain ? — Quels sont les fragments des XII Tables qui sont parvenus jusqu'à nous (3) ? — Quel était l'ordre suivi par les rédacteurs de cette loi ? — 3º *Jus Flavianum*. — 4º *Jus Ælianum*.

II. Des plébiscites : — 1º Quels sont les plébiscites dont le texte nous est parvenu (4) ? — 2º La *table d'Héraclée*. — 3º La *lex Galliæ Cisalpinæ*. 4º Les tables de *Salpensa* et de *Malaga*. — 5º — Les plébiscites ne paraissent pas avoir été codifiés.

III. Des sénatus-consultes: — 1º Quels sont les sénatus-consultes dont le texte est parvenu jusqu'à nous (5) ? — 2º Ils ne paraissent pas avoir été codifiés.

IV. Des édits des magistrats : — 1º Adrien a fait reviser et codifier les anciens édits par le jurisconsulte Salvius-Julianus (6). — 2º Quel a été le caractère

(1) Dig., *De orig. jur,*. passim.
(2) Giraud, *Enchir.*, p. 1.
(3) *Ibid.*, p. 4.
(4) *Ibid.*, p. 26 et 577.

(5) Giraud, *Enchir*, p. 638.
(6) Cod. Just. *De veter. jur. enucl.*, L. 3, § 18.

de cette codification ? — 3º Pourquoi lui a-t-on donné le nom d'*Édictum perpetuum*? — 4º La réforme s'est-elle étendue aux édits des gouverneurs de provinces (*Edictum provinciale*) ? — 5. Que nous reste-t-il de l'édit perpétuel de Salvius Julien (1)? — Quelle était sa division ? — 6. Que nous reste-t-il de l'édit des Ediles (2) ?

V. Des écrits des prudents. — 1º Division et énumération des principaux jurisconsultes Romains. — *a*). Jurisconsultes antérieurs à Auguste : Tiberius Coruncanius, Sextus-Ælius, Mucius Scævola, Brutus, Tubero, Aquilius Gallus, Trebatius. — Cicéron doit-il être compté au nombre des jurisconsultes ? — *b*). Jurisconsultes d'Auguste à Antonin : — Secte des *Sabiniens* (Capiton, fondateur), secte des *Proculiens* (Labéon, fondateur). — Caractère des deux sectes. — Jurisconsultes Sabiniens : Masurius Sabinus, Cassius Longinus, Cœlius Sabinus, Javolenus, Salvius Julianus, Africanus, Gaius. — Jurisconsultes Proculiens : Nerva le père, Proculus, Nerva le fils, Pégasus, Celsus le père, Celsus le fils, Neratius Priscus. — *c*). Jurisconsultes d'Antonin à Gordien : — Cette époque a été la plus brillante du droit romain. — S'est-il formé alors une école nouvelle sur les débris des deux autres ? — Pomponius, Papinianus, Paulus, Ulpianus, Marcianus, Tryphoninus, Florentinus, Modestinus. — Biographie des principaux jurisconsultes de cette période. — *d*.) Jurisconsultes de Gordien à Justinien : Julius Aquila, Hermogenianus, Arcadius Charisius. — 2º Nature des écrits des jurisconsultes Romains. — 3º Quels sont ceux qui nous sont parvenus ? — Commentaires de Gaius ; histoire de la découverte et des principales lectures du palimpseste (3). — Règles d'Ulpien (4). — Sentences de Paul (5). — Fragments de divers jurisconsultes principalement conservés dans la *Collatio legum romanarum et mosaicarum* (6). — *Consultatio veteris jurisconsulti* (7). — Traité *de manumissionibus* conservé par Dosithée (8). — Fragments du Vatican (9).

VI. Constitutions impériales : — 1º Collection de constitutions par Papirius Justus. — 2º Code Grégorien. — 3º Code Hermogénien.

VII. Travaux législatifs de Théodose le Jeune : — 1º Sous cet empereur, les seules sources du droit consultées dans la pratique étaient les constitutions impériales et les écrits autorisés des anciens jurisconsultes ; de là la double réforme de Théodose. — 2º Loi des citations (10). — 3º Code Théo-

(1) Giraud, *Enchir.*, p. 35.
(2) *Ibid.*, p. 49.
(3) *Ibid.*, p. 145.
(4) *Ibid.*, p. 109.
(5) *Ibid.*, p. 50.

(6) Giraud, *Enchir*, p. 282.
(7) *Ibid.*, p. 376.
(8) *Ibid.*, p. 391.
(9) *Ibid.*, p. 317.
(10) Cod Th., *De resp. prud.*, L. I.

dosien. — 4º Ces documents ont été promulgués en Occident sous Valentinien III.

SECTION III. — Documents législatifs qui émanent de Justinien.

1º Biographie de Justinien (né en 483, mort en 565, monté sur le trône en 527) et de Tribonien. — 2º *Code de Justinien.* — C'était un recueil de constitutions impériales (1). — Ce Code est perdu. — 3º Qu'est-ce que les *Quinquaginta decisiones* (2)? — 4º *Digeste* (ou *Pandectes*) (3). — Les documents qui le composent sont des fragments empruntés aux écrits des anciens jurisconsultes autorisés. — Comment a-t-il été élaboré? — Date de la promulgation, — Division, — Mode de citation, — Système de M. Bluhme, — Tribonianismes. — 5º *Institutes* (4). — C'est un ouvrage élémentaire rédigé pour l'enseignement du droit. — Le *proœmium* est la constitution de promulgation. — Mêmes questions. — 6º *Codex repetitæ prælectionis* (5), ou seconde édition du Code. — Pourquoi a-t-elle été faite? — Mêmes questions. — 7º *Novelles*, ou *novellæ constitutiones*, c'est-à-dire promulguées après les compilations. — Comment ont-elles été classées? — Qu'est-ce que les *authentiques?* — 8º Appréciation des travaux législatifs de Justinien.

SECTION IV. — Empire d'Orient : documents postérieurs à Justinien.

1º Paraphrase des Institutes par Théophile. — 2º Paraphrase des Pandectes par Stéphane. — 3º Paraphrase du Code par Thalœleus. — 4º *Epitome Novellarum* de Julien. — 5º Les Basiliques. — 6º Le *Promptuarium.*

SECTION V. — Empire d'Occident: documents postérieurs à la chute de cet empire.

§ 1er. — Des lois romaines barbares.

1º Quelles étaient les lois romaines qui régissaient l'empire d'Occident au moment des invasions barbares? — 2º Qu'est-ce que le système de la personnalité des lois à l'époque barbare? — 3º *Edictum Theodorici.* — 4º *Lex*

(1) Const. *Hæc quæ necessario.* — Const. *Summa reipublicæ.*
(2) Inst. Just., I, 5, § 3.
(3) Const. *Deo auctore.* — Const. *Tanta circa.* — Const. *Dedit nobis*
(4) Inst. Just., *Proœmium.*
(5) Const. *Cordi nobis.*

2

Romana Wisigothorum (Bréviaire d'Alaric). — 5° *Lex Romana Burgundiorum* (Le Papien). — 6° Les Francs ont-ils fait une compilation de lois romaines?

§ 2. — Du droit romain depuis le xii° siècle.

I. Généralités : — 1° Sous l'influence de quelles circonstances le droit romain a-t-il acquis au XII° siècle une plus grande autorité dans l'Europe occidentale? — 2° Pourquoi, à partir de cette époque, le droit romain a-t-il été étudié dans les compilations de Justinien? — 3° Pays coutumiers. — Pays de droit écrit. — 4° Le droit romain est-il encore aujourd'hui une législation vivante?

II. Travaux des commentateurs du droit romain : — 1° École des Glossateurs (ou exégétique) : — Où cette école a-t-elle pris naissance? — Irnerius (Werner), Bulgare, Martin, Accurse. — En quoi ont consisté les travaux des Glossateurs? — 2° École des Bartolistes (ou scolastique) : — Bartole, Balde, Paul de Castro, Jason. — Les travaux de cette école ont-ils quelque valeur? — 3° École de Cujas (ou historique) : — Alciat, Cujas, Brisson, Fabre, Denys et Jacques Godefroy, Heineccius. — En quoi ont consisté les travaux de ces jurisconsultes? — 4° École de Doneau (ou dogmatique) : — Doneau, Domat, Pothier, Vinnius, Voët. — En quoi ont consisté les travaux de ces jurisconsultes? — 5° École allemande moderne (ou éclectique) : — Haubold, Hugo, Gluck, Thibaut, Zimmern, Muhlenbruch, Puchta, Wangerow, Savigny. — La méthode de ces jurisconsultes ne consiste-t-elle pas à combiner l'étude scrupuleuse des textes avec celle de l'histoire et de la philosophie? — Quelle a été l'influence des travaux d'outre-Rhin sur l'enseignement du droit romain en France au XIX° siècle?

§ 3. — Du *Corpus juris civilis*.

1° D'où vient au recueil des lois romaines le nom de *Corpus juris civilis*? — 2° Manuscrits du moyen âge. — 3° Principales éditions depuis la découverte de l'imprimerie.

DROIT PRIVÉ DES ROMAINS

PREMIÈRE PARTIE

DES PERSONNES

(ET ACCESSOIREMENT DROIT DE LA FAMILLE)

(Inst. Just., liv. I, tit. 3 à 26.)

INTRODUCTION SPÉCIALE

I. Justinien annonce qu'il va traiter des *personnes* (1); n'est-il pas plus exact de dire qu'il va exposer deux théories distinctes et qu'il aurait dû séparer : 1° La théorie de *l'état et de la capacité des personnes*, dont l'utilité se présente dans toutes les parties du droit. 2° La théorie *des droits et des devoirs de famille?*

II. Définition du mot *persona*. — 1° Ce mot a deux sens en droit : il désigne ou l'être susceptible d'avoir des droits et des devoirs, ou les rôles multiples que cet être peut jouer sur la scène du droit. — 2° Quelle est l'étymologie du mot *persona?*

III. Division des personnes : — 1° Division des personnes au point de vue du *status* : — *Status libertatis, status civitatis, status familiæ.* — Idée élémentaire de la *capitis deminutio* qui pouvait être *maxima, media, minima* (2). — De l'*existimatio* et de la *nota infamiæ* (3). — 2° Division des personnes en *capables* et *incapables* : — L'incapacité pouvait être de jouissance ou seulement d'exercice, — d'ordre public ou de protection, — de disposition ou d'ad-

_____

(1) Inst. Just., I, 3, pr.
(2) Dig., *De capit. minut.*, L. 11.

(3) Dig., *De his qui not. infam.*

ministration — absolue ou relative. — 3° Division des personnes en *physiques* et *morales*. — De la maxime : *infans conceptus pro nato habetur quoties de commodis ejus agitur* (1). — Les personnes morales ne pouvaient se former qu'en vertu d'une permission du législateur (2).

TITRE PREMIER

PREMIÈRE DIVISION DES PERSONNES

STATUS LIBERTATIS

(Inst.Just., liv. I, tit. 3 à 7.)

SECTION Ire. — Idée générale de cette division.

1° Division des personnes en libres et esclaves. — 2° Sous-division des personnes libres en *ingénus* et *affranchis*. — 3° Sous-division des affranchis en : affranchis *Citoyens Romains*, affranchis *Latins Juniens*, affranchis *Dédilices*. — 4° Il faut rattacher à cette division des personnes l'étude des *Coloni*.

SECTION II. — Des esclaves.

1° L'esclave était la personne soumise au droit de propriété d'un maître. — Examen des définitions de la liberté et de l'esclavage reproduites par Justinien (3). — 2° Origine de l'esclavage. — Fondement de sa légitimité d'après les anciens. — Expressions employées par les Romains pour désigner les esclaves (4). — 3° Quels étaient les faits générateurs de l'esclavage? (Renvoi p. 27.) — 4° Existait-il des distinctions à établir parmi les esclaves (5)?

SECTION III. — Des ingénus.

1° L'ingénu était la personne qui, née libre, était toujours restée telle (6). — 2° Quand naissait-on libre? (Renvoi p. 28.)

---

(1) Dig., *De stat. hom.*, L. 7.
(2) Dig., *Quod cujuscunque universitatis nomine*, L. 1, L. 7, § 1.
(3) Inst. Just., I, 3, § 1, § 2.

(4) Inst. Just., I, 3., § 3.
(5) *Ibid.*, § 5. — Ulp., *Regl.* XX, § 16.
(6) Inst. Just., I, 4, pr., § 1.

SECTION IV. — Des affranchis citoyens Romains.

§ Ier. — Généralités.

1º L'affranchi était la personne sortie d'une' servitude légale (*justa*) (1). — 2º L'affranchi citoyen Romain était la personne qui acquérait non seulement la liberté, mais encore la cité romaine. — 3º Il y a toujours eu des affranchis de cette classe, mais les conditions pour le devenir n'étaient pas les mêmes à l'époque de la loi des XII Tables, des jurisconsultes classiques et de Justinien.

§ 2. — Quels étaient les modes d'affranchissement?

I. — Dans quelques cas exceptionnels l'affranchissement avait pour source le bienfait de la loi (2); mais, en principe, il ne pouvait résulter que de la volonté du maître (*manumissio*).

II. Des modes d'affranchissement volontaire : — 1º Ces modes étaient, avant Justinien, *publics* ou *privés*. — 2º Les modes publics étaient : la *vindicte*, le *cens*, le *testament* (ou mieux le legs *per vindicationem*) (3), auxquels il faut ajouter, sous le Bas-Empire, l'affranchissement accompli *in sacrosanctis ecclesiis*. — 3º Les modes privés étaient la déclaration faite *inter amicos, per epistolam*, etc. (4). — Les premiers seuls pouvaient rendre un affranchi citoyen Romain. — 4º Suppression de cette distinction par Justinien (5). — 5º L'affranchissement pouvait-il être fait à terme ou sous condition? — Qu'était-ce qu'un *statu liber* (6)?

3. — De la capacité requise en matière d'affranchissement.

I. — Du côté de l'esclave : — 1º D'après la loi des XII Tables, tout esclave pouvait en principe être affranchi citoyen Romain. — 2º La loi *Ælia Sentia* exigeal, sauf dans des cas exceptionnels qui devaient être prouvés devant un conseil de manumission, que l'esclave fût âgé de trente ans (7) et, en outre, qu'il n'eût pas été *vinctus tortusve* (8). — 3º Justinien a abrogé ces dispositions (9).

II. — Du côté du maître : — 1º Le maître devait avoir la capacité

---

(1) Inst. Just., I, 5, pr.
(2) Dig., *Qui sine manum. ad lib. perven.*
(3) Ulp., *Regl.*, I, §§ 6 à 9. —Inst. Just., 1, 5, § 2.
(4) Inst. Just., I, 5, § 1.

(5) Inst. Just., 1, 5, § 3. — Cod. Just., *De latin. libert. toll.*
(6) Ulp., *Regl.*, II.
(7) Gaii, *Comm.*, I, §§ 18 à 20.
(8) *Ibid.*, I, § 13.
(9) Inst. Just., I, 5, § 3.

générale d'aliéner (1). — 2º Il devait avoir sur l'esclave le *dominium ex jure Quiritium* (2). — Cette règle n'avait plus d'application dans le droit de Justinien (3)º — 3º Le maître ne devait pas agir en fraude des droits de ses créanciers (ou de son patron). — Cette règle, établie par la loi *Ælia Sentia* (4), a été maintenue par Justinien. — Qu'est-ce que la fraude (*eventus, consilium*)? — Exception pour le cas où le maître insolvable instituait son esclave héritier par testament (5). — 4º Quel âge devait avoir le maître ? — Système de la loi des XII Tables : 14 ans. — Système de la loi *Ælia Sentia* (6) : 20 ans, sauf dans des cas exceptionnels qui devaient être prouvés devant un conseil de manumission. — Système de Justinien : 17 ans pour les affranchissements testamentaires (7), puis 14 ans (8). — 5º D'après la loi *Fusia Caninia*, le maître ne pouvait, par testament, affranchir qu'un nombre déterminé d'esclaves (9). — L'affranchissement devait être fait *nominatim* (10). — Abrogation de cette loi par Justinien (11).

§ 4. — De la condition de l'affranchi.

I. — Dans la société : — 1º En quoi la condition de l'affranchi (*libertinus*) différait-elle de celle de l'ingénu ? — 2º *Jus aureorum annulorum* et *restitutio natalium* (12). — 3º Réforme de Justinien (13).

II. A l'égard de son patron (14) : — 1º Droits du patron (*jura patronatus*), sur l'affranchi (*libertus*). — *Obsequia, operæ, bona*. — 2º Devoirs du patron envers l'affranchi.

§ 5. — De l'extinction des droits de patronage.

1º Que devenaient les droits de patronage à la mort du patron, ou lorsqu'il subissait la *capitis deminutio?* — 2º *Quid* à la mort de l'affranchi ou lorsqu'il subissait la *capitis deminutio?* — 3º Les droits de patronage ne s'éteignaient-ils pas lorsque le patron manquait à son devoir de protection envers l'affranchi ?

(1) Ulp., *Regl.* I, § 17.
(2) Gaii, *Comm.*, I, § 17. — Ulp., *Regl.*, I, § 16.
(3) Inst. Just., I, 5, § 3.
(4) Gaii, *Comm.*, I, § 37.
(5) Inst. Just., I, à pr. 6, § 3.
(6) Gaii, *Comm.*, I, §§ 38 à 41.
(7) Inst. Just., I, 6, §§ 4 à 7.
(8) Nov. 119, C., 2.
(9) Gaii, *Comm.*, I, §§ 42 à 44.
(10) Ulp., *Regl.*, I, § 25.
(11) Inst. Just., I, 7.
(12) Dig., *De jur. aureor. annul.* — *De nat. restit.* — Dig., *In jus voc.*, L. 10, § 3.
(13) Nov. 78, C. I, 2.
(14) Dig., *De jure patron.* et titres suiv.

SECTION V. — Des affranchis Latins-Juniens.

I. Législation des XII Tables. — Cette classe d'affranchis était inconnue (1).

II. Législation du Préteur. — Le préteur maintenait *in libertate* l'esclave qui n'avait été affranchi que par un mode privé, ou par un maitre n'ayant pas sur lui le *dominium ex jure Quiritium* (ou l'esclave qui avait été affranchi avant l'àge de 30 ans?) (2).

III. Loi *Junia Norbana* : — 1º Cette loi vint sanctionner le droit prétorien en créant une nouvelle classe d'affranchis sous le nom de *Latini Juniani* (3). — 2º Quelle est sa date? La question est controversée (4). — 3º D'où vient le nom donné aux affranchis qu'elle créait (5)? Le premier mot vient de ce que la loi les assimilait aux Latins des colonies, et le second du nom même de la loi. — 4º Quelle était la condition du Latin-Junien, soit dans la société, soit à l'égard de son patron (6)? — 5º Comment l'affranchi Latin-Junien pouvait-il devenir citoyen romain (7)? — *Beneficio principali*, — *Causæ probatione*, — *Iteratione*, — *Militia*, — *Nave*, — *Ædificio*, — *Pistrino*, — *Triplici enixu*.

IV. Législation de Justinien : — L'empereur a aboli cette classe d'affranchis (8).

SECTION VI. Des affranchis Déditices.

I. Législation des XII Tables : — Cette classe d'affranchis était inconnue.

II. Loi *Ælia Sentia :* — 1º Cette loi décida, par un motif politique, que les esclaves qui avaient été *vincti, torti, litterati*, ne pourraient être affranchis qu'en qualité de *Dedititii* (9). — 2º Quelle est sa date? — 3º D'où vient le nom donné aux affranchis qu'elle créait (10)? — La loi les assimilait aux

---

(1) Gaii, *Comm.*, III, § 56.

(2) *Ibid.*

(3) Gaii, *Comm.*, I, §§ 12, 16 et 17.

(4) Les uns adoptent la date de 671, les autres celle de 772 U.-C. — Dans le premier système ce serait la loi *Ælia Sentia* qui aurait déclaré Latins-Juniens les esclaves affranchis avant l'âge de 30 ans.

(5) Gaii, *Comm.*, I, § 22.

(6) *Ibid.*, §§ 23 et 24.

(7) *Ibid.*, § 28 et suiv. — Ulp., *Regl.*, III.

(8) Inst. Just., I, 5, § 3. — Cod. Just., *De latin. liber. toll.*

(9) Gaii, *Comm.*, I, § 13. — Ulp., *Regl.*, I, § 11.

(10) Gaii, *Comm.*, I, § 14.

Déditices des provinces. — 4º En quoi la condition du Déditice différait-elle de celle du Latin-Junien (1) ? — Notamment il ne pouvait point devenir citoyen Romain. — 5º Remarque sur les différents chefs de la loi *Ælia Sentia*.

III. Législation de Justinien : — L'empereur a aboli cette classe d'affranchis (2).

SECTION VII. — Des colons (3).

I. On nommait ainsi des personnes attachées à la terre et qui avaient une condition mixte entre la servitude et la liberté. — Cette classe de personnes était inconnue avant le Bas-Empire. — Sous l'influence de quels faits le colonat a-t-il pris naissance ?

II. Comment devenait-on colon ? — Comment pouvait-on cesser d'être colon ? — Quelle était la condition du colon ?

TITRE DEUXIÈME

DEUXIÈME DIVISION DES PERSONNES

STATUS CIVITATIS

SECTION Iʳᵉ. — Idée générale de cette division.

1º Division des personnes en *Cives Romani, Peregrini, Barbarici.* — 2º Sous-division des *Peregrini* en *Latini, Italici, Socii, Provinciales.* — 3º Cette division ne s'appliquait pas directement aux esclaves, et néanmoins il faut noter que leur position juridique était différente suivant la nationalité de leur maître.

SECTION II. — Des citoyens Romains.

I. Comment s'acquérait la qualité de citoyen romain : — 1º De la nais-

---

(1) Gaii, *Comm.*, I, §§ 25, 26 et 27.
(2) Jnst. Just., I, 5, § 3. — Cod. Just., *De dedit. liber. toll.*

(3) Cod. Just., *De agric. et cens. et colon.*

sance. — Distinction du cas où l'enfant avait été conçu en mariage et du cas où il avait été conçu hors mariage. — Loi *Mensia* (1). — 2º De la naturalisation (2). — 3º Du bienfait de la loi : — Affranchissement. — Privilèges accordés aux Latins (3). — Preuve de l'erreur (4). — Exercice de certaines magistratures Pérégrines (5).

II. Comment se perdait la qualité de citoyen romain : — 1º Perte de la liberté (6). — 2º Agrégation à une cité pérégrine (7). — 3º Effet de certaines condamnations (8). — Distinction de la *deportatio* et de la *relegatio* (9).

III. Quels étaient les principaux droits attachés à la qualité de citoyen romain : — 1º *Jus suffragii.* — 2º *Jus honorum.* — 3º *Jus connubii.* — 4º *Patria potestas.* — 5º *Jus commercii.* — 6º *Factio testamenti.*

IV. — Qu'était-ce que le *jus originis?* — Il ne faut pas le confondre avec le *domicilium* (10).

SECTION III. — Des Pérégrins.

I. Généralités : — 1º Le mot *Peregrinus* était pris dans plusieurs sens. — Nous l'employons ici pour désigner toutes les personnes qui, sans avoir le titre de citoyen Romain, étaient en une qualité ou une autre sous la dépendance plus ou moins étroite des Romains. — 2º Les Romains reconnaissaient aux Pérégrins la jouissance du *jus gentium*. — Quant au *jus civile*, ils leur en faisaient une concession partielle plus ou moins large, ou ils le leur refusaient, suivant les diverses classes de Pérégrins.

II. Des Latins coloniaires : — 1º Leur origine. — Qu'était-ce que les *Latini veteres?* — 2º En quoi la condition des Latins Coloniaires différait-elle de celle des citoyens Romains (11) ? — 3º En quoi la condition des Latins Coloniaires différait-elle de celle des Latins-Juniens ?

III. Des Italiens (12) : — 1º Leur origine. — Est-il exact de considérer les *Italici* comme ayant formé une classe particulière de personnes (13) ?

(1) Ulp., *Regl.*, V, § 10.

(2) Gaii, *Comm.*, I, § 93. — *Ibid.*, III, § 20.

(3) Ulp., *Regl.*, III.

(4) Gaii, *Comm.*, I, § 67 et suiv.

(5) *Ibid.*, § 96.

(6) *Ibid.*, § 100.

(7) *Ibid.*, § 131.

(8) *Ibid.*, § 161.

(9) Inst. Just., I, 12, §§ 1 et 2.

(10) Dig., *Ad munic.* — Cod. Just., *De incol.*

(11) Ulp., *Regl.*, XIX, § 4. — *Ibid.*, XX, § 8.

(12) Dig., *De censibus*, L. 1, L. 6, L. 7.

(13) Inst. Just., I, 25, pr. — Gaii, *Comm.*, III, § 121.

— 2. En quoi leur condition différait-elle de celle des citoyens Romains ?

IV. Des Alliés : — 1º Leur origine. — 2º En quoi leur condition différait-elle de celle des citoyens Romains ?

V. Des Provinciaux : — 1º Leur origine — 2º Quels étaient les Provinciaux appelés Déditices (1) ? — 3º En quoi la condition des Provinciaux différait-elle de celle des citoyens Romains? — 4º En quoi la condition des Déditices Provinciaux différait-elle de celle des Déditices affranchis (2) ?

VI. Suppression de ces distinctions par Caracalla (3), qui a donné la cité Romaine à tous les sujets de l'Empire. — Quel est le sens exact de la constitution de cet empereur ? — Les dernières traces de nos distinctions ont été effacées par Justinien (4).

SECTION IV. — Des Barbares.

1º En principe, aucun droit n'était reconnu au Barbare, même en état de paix (5). — 2º Cependant, sous le Bas-Empire, de nombreux Barbares furent admis à la jouissance partielle du droit des gens. — Qu'était-ce que les *Lœti?*

TITRE TROISIÈME

TROISIÈME DIVISION DES PERSONNES

STATUS FAMILIÆ

(Inst. de Just., [liv. I, tit. 8 à 26.)

CHAPITRE 1er

IDÉE GÉNÉRALE DE CETTE DIVISION

I. De la *familia* considérée au point de vue de la subordination domestique (6) : — 1º Dans ce premier sens, on entendait par *familia :* la réunion de

(1) Gaii, *Comm.*, I, § 14.	(4) Inst. Just., I, 5, § 3.
(2) Ulp., *Regl.*, XX, § 14.	(5) Dig., *De capt.*, L. 5, § 2.
(3) Dig., *De statu homin.*, L. 17.	(6) Dig., *De verb. signif.*, L. 195, § 3.

plusieurs personnes placées sous la dépendance domestique d'un chef unique.
— Le chef était dit *sui juris* (1) ; il portait encore le nom de *princeps familiæ* (2),
ou celui de *paterfamilias* ou de *materfamilias* (3). — Les subordonnés étaient dits
alieni juris (4). — 2º Les personnes *alieni juris* se sous-divisaient en personnes
in dominica potestate, in patria potestate, in manu, in mancipio (5). — Sous
Justinien, ces deux dernières classes de personnes avaient disparu (6). —
3º Les personnes *sui juris* se sous-divisaient en personnes *in tutela, in cura-
tione vel quæ neutro jure tenentur* (7).

II. De la *familia* considérée au point de vue du lien du sang (8)
(Renvoi, p. 30.)

III. De la *familia* dans le sens de patrimoine (9).

CHAPITRE II

DES PERSONNES ALIENI JURIS

I

DES PERSONNES IN DOMINICA POTESTATE

(Inst. de Just. liv. I, tit. 8.)

§ 1ᵉʳ. — Généralités.

1º La *dominica potestas* était la puissance domestique qui appartenait
à un maître sur son esclave. — C'était en réalité le droit de propriété (10). —
2º Cette puissance découlait du droit des gens (11).

§ 2. — Comment s'acquérait la *dominica potestas* ?

I. Modes qui créaient la *dominica potestas*. — 1º On pouvait *naître*

(1) Gaii, *Comm.*, I, § 48. — Inst. Just., I, 8, pr.
(2) Dig., *De verb. signif.*, L. 196, pr.
(3) Ulp., *Regl.*, IV, § 1. — Dig., *De his qui sui*, L. 4.
(4) Gaii, *Comm.*, I, § 48. — Inst. Just., I, 8, pr.
(5) *Ibid.*, I, § 49.

(6) Inst. Just., I. 8, pr.
(7) Gaii, *Comm.*, I, § 142. — Inst. Just., I, 13, pr.
(8) Dig., *De verb. signif.*, L. 195, §§ 2, 4.
(9) *Ibid.*, § 1.
(10) Inst. Just., I, 3, § 2.
(11) *Ibid.*, I, 8, § 1.

esclave. — Quel parent fallait-il considérer et à quel moment fallait-il se reporter pour savoir si une personne naissait ingénue ou esclave ? — Du cas où l'enfant avait été conçu en mariage. — Du cas où il avait été conçu hors mariage (1). — 2° On pouvait *devenir* esclave, soit *jure gentium* (captivité), soit *jure civili* (2), (notamment : cas du *contubernium* (3) abrogé par Justinien (4), de la peine (5) également abrogé par cet empereur (6), de la vente pour partager le prix (7), de l'ingratitude de l'affranchi (8).

II. Modes qui *transféraient* la *dominica potestas*. — Les faits translatifs de la propriété, étaient naturellement translatifs de la *dominica potestas* (9).

§ 3. — Des effets de la *dominica potestas*.

I. Condition de l'esclave à l'égard de son maître : — 1° Quant à sa personne : — *a*) Système de la loi des XII Tables : — L'esclave était une *chose* (*res*). — Droit de forcer l'esclave à travailler. — Droit absolu de vie et de mort (10). — *b*). Adoucissements introduits sous l'empire de la philosophie stoïcienne (11). — *c*) Quel a été à cet égard l'influence du Christianisme (12). — 2° Quant aux biens : — L'esclave était un instrument d'acquisition pour son maître (13). — Qu'était-ce que le *pécule* d'un esclave ?

II. Condition de l'esclave dans la société. — 1° L'esclave était un *personne*. — Conséquences principales : — Il figurait dans la première division des personnes (14). — Il pouvait jouer un rôle dans certains actes juridiques *ca persona domini* (15). — Même devenir personnellement débiteur *jure civili* par un délit (16). — Sa vie était protégée par la loi pénale, comme celle de l'homme libre (17). — 2° Mais il était frappé de nombreuses incapacités et soumis à certaines dispositions rigoureuses qui n'atteignaient pas les hommes libres (18).

(1) Inst. Just., I, 4, pr.

(2) *Ibid.*, I, 3, § 4.

(3) Paul, *Sent.*, II, 21.

(4) Inst. Just., III, 12, § 1.

(5) *Ibid.*, I, 12, § 3. — Elle créait l'esclavage sans créer la *dominica potestas*.

(6) Nov. 22, cap. 8.

(7) Inst. Just., I, 3, § 4. — Dig., *De lib. caus.*, L. 7, L. 33.

(8) Inst. Just., I, 16, § 1. — Dig., *De agn. et al. lib.*, L. 5, § 1.

(9) Voyez *infra*, p.

(10) Inst. Just., I, 8, § 1.

(11) Dig., *Ad leg. Corn. de siv.*. L. 4, § 2 ; L. 11, § 2. — Inst. Just., I, 8, § 2.

(12) Code Just., *De emend. servor.*

(13) Inst. Just., I, 8, § 1.

(14) *Ibid.*, I, 3, pr.

(15) *Ibid.*, II, 9.

(16) *Ibid.*, IV, 8, § 5.

(17) Dig., *Ad Leg. Cornel. de siv.*, L. 1, § 2. — Gaii, *Comm.*, III, § 213.

(18) Dig., *Qui et a quib. manum.*, L. 12, pr.

§ 4. — Comment s'éteignait la *dominica potestas*.

1º La mort du maître ne libérait pas l'esclave. — 2º La *dominica potestas* ne s'éteignait que par l'affranchissement. (Renvoi p. 21.) — 3º Et, sous le Bas-Empire, par la concession du colonat. (Renvoi p. 24.)

§ 5. — Des actions.

1º Revendication. — La question litigieuse était alors de savoir qui était le maître de l'esclave. — 2º *Prajudicium de servitute* ou *de libertate (Liberalis causa)* (1). — La question litigieuse était alors de savoir si une personne était libre ou esclave.

II

DES PERSONNES IN PATRIA POTESTATE

(Inst. de Just., liv. I, tit. 9 à 12.)

SECTION Iʳᵉ. — Généralités.

I. Définition de la *patria potestas* : — 1º Cette puissance découlait du droit civil (2). — Elle se rattachait intimement à l'organisation du culte domestique. — 2º Elle était propre aux mâles, d'où le principe : *Mulier familiæ suæ et caput et finis est* (3). — 3º Elle appartenait au *paterfamilias* sur tous ses descendants par mâles procréés en justes noces (4), en vertu du principe : *Liberi patris non matris familiam sequuntur* (5). — La *patria potestas* ne pouvait-elle pas avoir pour source des faits autres que la procréation en justes noces ? — D'un autre côté, des faits postérieurs à la naissance ne pouvaient-ils pas libérer de la *patria potestas* l'enfant conçu en justes noces ? — 4º De ces prémisses on peut tirer la définition suivante : La *patria potestas* était le pouvoir domestique propre aux citoyens Romains, qu'une personne du sexe mâle avait en principe sur tous ses descendants par mâles procréés en justes noces ou réputés tels.

II. Par quelles expressions désignait-on les personnes qui étaient *in patria potestate* ? — 1º Les Romains employaient les mots : *filiusfamilias*,

(1) Dig., *De liber. caus.*
(2) Gaii, *Comm.*, I, § 55. — Inst. Just., I, 9, § 2.
(3) Dig., *De verb. signif.*, L. 195, § 5.

(4) Inst. Just., I, 9, pr., § 3.
(5) Dig., *De verb. signif.*, L. 196, § 1.

filiafamilias (1). — 2º Ces expressions s'appliquaient-elles aux petits-enfants et arrière-petits-enfants? — 3º Sauf dans le cas où il y aura lieu de distinguer, nous nous servirons du mot *filiusfamilias* pour désigner toutes les personnes *in patria potestate*, sans distinction de sexe ou de degré.

III. Coup d'œil général sur la famille romaine (2) : — 1º *Familia* dans le sens de *domus* (3) : La *domus* comprenait le *paterfamilias* actuellement vivant et tous ceux qui descendaient de lui par une série non interrompue de générations mâles et légitimes ; ou mieux tous ceux qui étaient sous sa *patria potestas*. — 2º *Familia*, dans le sens d'*adgnatio* : L'*adgnatio* comprenait tous ceux qui descendaient d'un auteur commun mâle par une série non interrompue de générations mâles et légitimes (4) ; ou mieux tous ceux qui auraient été sous la *patria potestas* d'une même personne, si celle-ci vivait encore. — 3º *Familia* dans le sens de *cognatio* : La *cognatio* comprenait tous ceux qui descendaient d'un auteur commun, soit par les mâles, soit par les femmes ; — elle n'avait donc pas pour base la *patria potestas*. — 4º N'est-il pas vrai que deux individus ne pouvaient être membres d'une même *domus* sans être en même temps agnats et cognats entre eux, et que deux individus ne pouvaient être agnats entre eux sans être cognats (5) ? — N'est-il pas vrai, au contraire, que deux individus pouvaient être cognats entre eux sans être agnats et sans faire partie de la même *domus*, et que deux individus pouvaient être agnats entre eux sans faire partie de la même *domus* ? — 5º De l'alliance (*adfinitas*) (6). — 6º Comment se comptaient la parenté et l'alliance ? — Ligne directe descendante ou ascendante. — Ligne collatérale. — Degrés (7).

SECTION II. — Comment s'acquérait la *patria potestas* ?

1º Nous aurons à étudier les modes qui créaient la *patria potestas*. — 2º Mais ce pouvoir était en principe incessible.

1ᵉʳ Mode. — La procréation en justes noces.

§ 1ᵉʳ — Généralités.

I. Les Romains distinguaient cinq unions de l'homme et de la femme : *justæ nuptiæ, injustæ nuptiæ* (8), *concubinatus, contubernium, stuprum*.

(1) Dig., *De his qui sui*, L. 4.
(2) Dig., *De verb. signif.*, L. 195, §§ 2 et 4. — Dig., *De grad. et adfin.*, L. 10, §§ 1 à 10.
(3) Inst. Just., II, 10, §§ 8, 9.
(4) *Ibid.*, I, 15, § 1.

(5) Dig. *De adopt.*, L. 23.
(6) *Ibid.*, *De grad. et adfin.*, L. 4, § 3.
(7) *Ibid.*, L. 1.
(8) Dig., *Ad leg. Jul. de adult.*, L. 13, § 1.

II. Les enfants qui naissaient de la première union étaient dits *justi*, *legitimi*. — Ceux qui naissaient de la troisième étaient appelés *liberi natu-rales*. — Ceux qui naissaient de la cinquième étaient appelés *spurii*, *vulgo quæsiti*. — Ceux qui naissaient de la seconde et de la quatrième portaient-ils un nom particulier ?

III. Les enfants de la première classe étaient seuls soumis à la *patria potestas*.

§ 2. — Des *justæ nuptiæ*.

I. Des fiançailles (*sponsalia*) (1). — 1° Comment elles se contractaient ? — 2° Quels étaient leurs effets ?

II. Définition des *justæ nuptiæ* : — *Nuptiæ sive matrimonium est viri et mulieris conjunctio, individuam consuetudinem vitæ continens* (2). — *Nuptiæ sunt conjunctio maris et feminæ, et consortium omnis vitæ, divini et humani juris communicatio* (3).

III. Capacité requise pour les contracter. — 1° Qu'était-ce que le *jus connubii* (4) ? — 2° *Empêchements absolus* (5). — *a)* Absence de la qualité de citoyen Romain (6). — *b)* Engagement dans les liens d'un précédent mariage. — *c)* Impuberté. — *d)* Absence du consentement de certains ascendants : — Quels sont les ascendants qui devaient consentir au mariage ? — A quel moment le consentement devait-il être donné (7) ? — Quid si l'ascendant était dans l'impossibilité d'exprimer sa volonté (8). — Le consentement de l'ascendant pouvait-il être suppléé par une décision du pouvoir judiciaire (9) ? — Modifications qui se sont produites sous le Bas-Empire (10). — *e)* Les Castrats pouvaient-ils contracter les *justæ nuptiæ* (11) ? — 3° *Empêchements relatifs.* — *a)* Cognation (12) : En ligne directe, le mariage était prohibé à l'infini ; en ligne collatérale, lorsque l'un des cognats n'était qu'à un degré de la souche commune (13). — *b)* Alliance (14) : En ligne directe, le mariage était prohibé à l'infini ; en ligne collatérale, Constantin prohiba le mariage entre le beau-frère

(1) Dig., *De sponsalibus.*
(2) Inst. Just., I, 9, § 1.
(3) Dig., *De rit. nupt.*, L. 1.
(4) Ulp., *Regl.*, V, § 3.
(5) Inst. Just., I, 10, pr.
(6) Gaii, *Comm.*, 1, §§ 56, 57.
(7) Dig., *De ritu nupt.*, L. 9, § 1 ; L. 10 et 11. — Code Just., *De nupt.*, L. 25.
(8) Inst. Just., I, 10, pr. — Cod. Just., *De nupt.*, L. 25.

(9) Dig., *De ritu nupt.*, L. 19.
(10) Cod. Just., *De nupt.*, L. 18 et 20.
(11) Dig., *De jure dotium*, L. 39, § 1.
(12) Inst. Just., I, 10, §§ 1 à 5.
(13) Gaii, *Comm.*, I, § 62. — Cod. Theod., *De incest. nupt.*, L. 1.
(14) Inst. Just., I, 10, §§ 6 à 8.

et la belle-sœur (1). — *c)* Autres empêchements fondés sur des motifs de convenance (2). — *d)* Autres empêchements fondés sur des motifs d'ordre public (3).

IV. Comment les *justæ nuptiæ* se contractaient : — 1º Du consentement des futurs époux (4). — 2º Le mariage était-il soumis à des solennités extérieures ? — L'intervention d'aucun magistrat civil ou religieux n'était nécessaire. — Ni la rédaction d'un écrit en principe (5). — La *festivitas nuptiarum* accompagnait ordinairement les *justæ nuptiæ*, mais sans être imposée par la loi. — La cohabitation des époux n'était pas exigée (6). — Mais la tradition de la femme au mari était-elle nécessaire (7) ?

V. Quels étaient les effets principaux des *justæ nuptiæ ?* — 1º A l'égard des époux : — *Vir et uxor.* — Les époux se devaient fidélité (8). — La femme était élevée au rang social du mari (9). — Elle lui devait respect (10), mais la puissance maritale ne résultait pas du mariage. (Renvoi, p.   .) — Dot et donation *ante nuptias* possibles. — Prohibition des donations entre vifs. — Possession de biens *unde vir et uxor.* — Action *rerum amotarum.* — Bénéfice de compétence. — 2º A l'égard des enfants : — *Liberi justi.* — Présomption de paternité : *Pater is est quem justæ nuptiæ demonstrant* (11). — État de l'enfant déterminé par celui du père au moment de la conception. — *Patria potestas.* — Dette alimentaire (12). — 3º A l'égard des cognats : — Alliance.

VI. Comment les *justæ nuptiæ* pouvaient-elles se dissoudre ? — 1º Mort. — 2º *Maxima capitis deminutio.* — Cas spécial de la captivité (13). — 3º *Quid* de la *media capitis deminutio* (14) ? — 4º Divorce : — par con-

---

(1) Cod. Théod., *De incest nupt.*, L. 2 et 4.

(2) Inst. Just., I, 10, §§ 9 et 10. — Dig., *De ritu nupt.*, L. 54. — Cod. Just., *De nupt.*, L. 4.

(3) Inst. Just., I, 10, § 11. — Ulp., *Regl.*, XIII. — Dig., *De ritu nupt.*, L. 38 et 66.

(4) Dig., *De ritu nupt.*, L. 16, § 2, L. 21 et 23.

(5) Dig., *De pign. et hyp.*, L. 4. — Cod. Just., *De nupt.*, L. 23, § 7. — Nov. 74, C. 4. — Nov. 117, C. 4.

(6) Dig., *De cond. et de constr.*, L. 15.

(7) Paul, *Sent.*, II, 19, §8. — Dig., *De ritu nupt.*, L. 5. — Dig., *De don.* *inter vir. et uxor.*, L. 66. — Dig., *Commodati*, L. 5, § 10. — Cod. Just., *De don. ante nupt.*, L. 6.

(8) Dig., *Ad leg. Jul. de adult.*

(9) Dig., *De senator.*, L. 1, § 1, L. 8.

(10) Dig., *Soluto matrim.*, L. 14, § 1.

(11) Dig., *De in jus voc.*, L. 5. — Dig., *De stat. hom.*, L. 12. — Dig., *De suis*, L. 3, § 11. — Dig., *De agnosc. liber.*

(12) Dig., *De agnosc. liber.*, L. 4 et 5.

(13) Dig., *De divor. et rep.*, L. 6. — Dig., *De captiv.*, L. 8 et 12, § 4. — Nov. 22, C. 7.

(14) Dig., *Solut. matrim.*, L. 56. — Cod. Just., *De repud.*, L. 1. — Nov. 22, C. 13.

sentement mutuel, — par le fait de l'un des deux époux (1). — Pouvait-il avoir lieu par le fait de l'ascendant ayant la *patria potestas* (2)?

VII. Des seconds mariages (3) : — Avant Auguste. — Législation d'Auguste (lois *Julia* et *Papia Poppœa*). — Christianisme.

§ 3. — Des *injustæ nuptiæ* (4).

1° C'était le mariage contracté entre Romains et pérégrins. — Il supposait l'homme prenant la femme comme son égale. — 2° En quoi ses effets différaient-ils de ceux des *justæ nuptiæ?*

§ 4. — Du *Concubinatus* (5).

1° Définition du concubinat. — Cette union, quoique honnête, n'était pas honorable pour la femme ; — elle se distinguait des *justæ nuptiæ*, *solo dilectu* (6). — 2° Quand le concubinat a-t-il été régularisé (7)? — 3° En quoi différait-il des *justæ nuptiæ*, soit quant à la capacité requise pour le contracter, soit quant à la condition de la femme, soit quant à celle des enfants? — 4° Influence du Christianisme sur cette institution. — Son abolition par Léon le Philosophe (8).

§ 5. — Du *Contubernium* (9).

1° Union de deux esclaves. — 2° Union d'un esclave et d'une femme libre.

§ 6. — Du *Stuprum*.

1° Toutes les unions précédentes étaient permises et honnêtes puisqu'elles supposaient l'union d'un seul homme et d'une seule femme contractée avec une pensée de perpétuité et en dehors de toute prohibition légale; le stupre était au contraire toute union illicite, qu'elle fût condamnée

(1) Dig., *De divort. et rep.* — Cod. Just., *De repud.* — Nov. 22. — Nov. 117.

(2) Paul, *Sent.*, V, 6, § 15.

(3) Dig., *De his qui not. infam.*, L. 11. — Cod. Just., *De secund. nupt.*, L. 2. — Ulp., *Regl.*, XIV.

(4) Dig., *Ad leg. Jul. de adult.*, L. 13, § 1. — *Ad munic.*, L. 37, § 2. — Gaii, *Comm.*, I, §§ 66 et *seq.*

(5) Dig., *De concubinis.* — Paul, *Sent.*, II, 20.

(6) Paul, *Sent.*, II, 20. — Dig., *De concub.*, L. 4.

(7) Dig., *De concub.*, L. 1, L. 2. *Inscript.*

(8) Leo phil. — Nov. 91.

(9) Dig., *Depositi*, L. 27. — Paul, *Sent.*, II, 21.

par la loi ou seulement par l'opinion publique (1). — 2° Quels étaient les effets juridiques que le stupre pouvait produire ? — 3° *Quid* si l'une des deux parties avait cru de bonne foi contracter les *justæ nuptiæ* (2) ?

2° mode. — La légitimation (3).

I. Généralités : — 1° Définition de la légitimation : — On nommait ainsi un fait juridique qui faisait passer sous la *patria potestas* les enfants issus du concubinat. — 2° La légitimation était inconnue avant le Bas-Empire. — 3° Cependant on peut citer, à titre d'antécédent historique, le cas du Latin (4), celui de la preuve de l'erreur (5), celui de la concession faite au Pérégrin qui devenait citoyen Romain (6).

II. De la légitimation par *mariage subséquent :* — 1° Des diverses phases de la législation de Constantin à Justinien (7). — 2° Conditions requises dans le droit de Justinien : — Il suffisait que la mère eût été libre (plus tard Justinien admit même la légitimation des enfants issus d'une esclave) (8). — Le mriage devait avoir été possible avec elle. — Il devait y avoir eu concubinat entre le père et la mère. — Acte dotal. — Consentement des enfants (9).

III. De la légitimation par *oblation à la curie* (10) : — 1° Ce mode de légitimation a été introduit par Théodose. — 2° En quoi consistait-il ? — 3° Il ne produisait pas des effets aussi complets que la légitimation par mariage subséquent.

IV. De la légitimation par *rescrit du prince* (11) : — 1° Ce mode de légitimation a été introduit par Justinien. — 2° A quelles conditions était-il possible ?

3° mode. — L'adoption.

§ 1. — Généralités.

1° Définition de l'adoption : — On nommait ainsi un fait juridique qui créait la *patria potestas* artificiellement *même* sur des personnes qui n'étaient

(1) Dig., *Ad leg. Jul. de adult.*, L. 34. — Ibid., *De concub.*, L. 3. — Inst. Just., I, 10, § 12.

(2) Dig. *De rit. nupt.*, L. 57, § 1.

(3) Inst. Just., I, 10, § 13.

(4) Gaii, *Comm.*, I, § 66.

(5) *Ibid.*, §§ 67 et suiv.

(6) *Ibid.*, § 96.

(7) Cod. Just., *De naturalibus liberis*, L. 5 et suiv.

(8) Nov. 18, C. 11.

(9) Nov. 89, C. 11.

(10) Inst. Just., I, 10, § 12. — Cod. Just., *De natur. liber.*, L. 3.

(11) Nov. 74, C. 1 et 2; Nov. 89, C. 9 et 10.

point issues de celui qui acquérait ce pouvoir. — 2° Remarque sur le sens que Justinien donne ici aux mots *liberi naturales* (1). — 3° Cette institution se rattachait essentiellement, à l'origine, aux *sacra privata*, et au système politique. — 4° Distinction de l'*adrogation* ou adoption d'un *sui juris*, et de l'*adoption* proprement dite ou adoption d'un *alieni juris* (2). — 5° Cette dernière était-elle connue à l'époque des XII Tables ?

§ 2. — De l'adrogation.

I. De la capacité requise : — 1° *Du côté de l'adrogeant :* — L'adrogeant devait être citoyen Romain. — Quel âge devait-il avoir (3) ? — On avait fini par exiger qu'il eût la *plena pubertas* de plus que l'adrogé (4). — Il devait être du sexe mâle (5), — Ne point être castrat (6). — Ne devait-il pas, dans certains cas, obtenir le consentement de son *filiusfamilias* (7) ? — Du reste, permettait-on facilement l'adrogation à celui qui avait un enfant issu des justes noces (8) ? — 2° *Du côté de l'adrogé :* — L'adrogé devait être citoyen Romain. — L'adrogation des impubères n'a été permise que par Antonin et avec certaines précautions (9). — Celle des femmes n'a été permise que vers la même époque (10). — Pouvait-on adroger son *liber naturalis* (11) ? — Un affranchi (12) ? — Son esclave (13) ?

II. Des formes de l'adrogation : — Pourquoi l'intervention du pouvoir législatif était-elle nécessaire ? — L'adrogation eut d'abord lieu au moyen d'une loi curiate sérieuse après approbation des pontifes (14), — Puis fictivement devant 30 licteurs (15). — Plus tard, par rescrit impérial (16).

III. Des effets de l'adrogation : — 1° Quant à la personne de l'adrogé : — L'adrogé passait sous la *patria potestas* de l'adrogeant avec tous ceux qui étaient soumis à sa puissance. — Conséquences (17). — Quoique les Romains disent que l'adoption imite la nature, il y avait de nombreuses différences

(1) Inst. Just., I, 11, pr.
(2) Dig., *De adopt.*, L. 1, § 1.
(3) *Ibid.*, L. 15, § 2.
(4) Gaii, *Comm.*, I, § 106. — Inst. Just., I, 11, § 4.
(5) *Ibid.*, § 10.
(6) *Ibid.*, § 9.
(7) *Ibid.*, §§ 5 et 7.
(8) Dig., *De adopt.*, L. 17, § 3.
(9) Gaii, *Comm.*, I, § 102. — Inst. Just., I, 11, § 3.
(10) Gaii, *Comm.*, I, § 101. — Dig., *De adopt.*, L. 21.
(11) Cod. Just., *De natur. liber.*, L. 6 et 7. — Nov. 74, C. 3 ; Nov. 89, C. 11.
(12) Dig., *De adopt.*, L. 15, § 3.
(13) Inst. Just., I, 11, § 12.
(14) Gaii, *Comm.*, I, §§ 99 et 100. — Aulu-Gelle, *Nuits attiq.*, V, 19.
(15) Cic., *C. Rull.*, II, 12.
(16) Inst. Just., I, 11, § 1.
(17) Inst. Just., I, 11, § 11, § 8. — Dig., *De adopt.*, L. 23. — Cic., *Pro domo*, 13.

entre la position du *filiusfamilias* par adrogation, et celle du *filiusfamilias ex justis nuptiis*. — 2° Quant aux biens de l'adrogé ; — Ancien droit (*successio per universitatem*) (1). — Réforme de Justinien qui réduisit l'adrogeant à un droit d'usufruit (2). — 3° Effets spéciaux à l'adrogation de l'*impubère* (3) : — Lorsque l'adrogé mourait avant la puberté. — Lorsqu'il était émancipé avec juste cause. — Lorsqu'il était émancipé sans juste cause. — Lorsqu'il était exhérédé. — Lorsqu'il arrivait à la puberté (4). — Qu'était-ce que la *quarte Antonine* et quelle était la nature du droit qu'elle conférait ?

§ 3. — De l'adoption.

I. Capacité requise : — 1° Du côté de l'adoptant. — 2° Du côté de l'adopté. — Jusqu'à quel point les règles sur la capacité en matière d'adrogation s'appliquaient-elles ici ? — 3° Du côté du *paterfamilias* qui donnait en adoption (5).

II. Des formes de l'adoption : — L'intervention du pouvoir judiciaire a toujours été seule requise (6). — Pourquoi les formes de l'adoption étaient-elles moins solennelles que celles de l'adrogation ? — Quant au détail des formes, renvoi, p. 39.

III. Des effets de l'adoption : — 1° Ancien droit. — L'adopté passait seul sous la *patria potestas* de l'adoptant. — Conséquences. — 2° Réforme de Justinien : — Du cas où l'adoptant était une *extranea persona*, avec une sous-distinction pour le cas où l'adopté était un petit-fils. — Du cas où l'adoptant était un ascendant de l'adopté (7).

SECTION III. — Des effets (principaux) de la *patria potestas*.

I. Condition du *filiusfamilias* dans la famille : — 1° Quant à sa personne : — *a*) Droit de vie et de mort. — D'après la loi des XII Tables, ce droit était absolu. — Adoucissements introduits sous l'empire de la philosophie stoïcienne (8). — Quelle a été, à cet égard, l'influence du christianisme (9) ? — *b*) Droit de placer le *filiusfamilias in mancipio*. (Renvoi

(1 Gaii, *Comm.*, III, § 83.
(2) Inst. Just., III, 10, §§ 1 et 2.
(3) *Ibid.*, I, 11, § 3.
(4) Dig., *De adopt.*, L. 32, pr.
(5) Inst. Just., I, 11, § 7.
(6) Gaii, *Comm.*, I, § 99.
(7) Inst. Just., I, 11, § 2. — Cod. Just., *De adopt.*, L. 10.

(8) Dig., *Si a par. quis manum.*, L. 5. — Dig., *De leg. Pompeia*, L. 5. — Dig., *Ad leg. Corneliam de sicar.*, L. 2.

(9) Cod. Just., *De his qui par. vel liber. occid.* — *De emendat. propinquorum.*

p. 38 et p. 42.) — 2° Quant aux biens : — Le *filiusfamilias* était un instrument d'acquisition pour son *paterfamilias*. — Cependant, outre le pécule dont le *paterfamilias* lui confiait fréquemment l'administration *more servi*, des pécules privatifs lui furent successivement concédés. (Renvoi *infra*) — 3° Sous quels rapports la *patria potestas* était-elle avantageuse au *filiusfamilias?* — Il était notamment associé au culte domestique et il tirait de sa qualité de membre de la *domus* des droits de succession.

II. Condition du *filiusfamilias* dans la société : — 1° C'était une personne libre (1). — 2° Un citoyen romain. — 3° Conséquences (2). — Notamment, à la différence de l'esclave, il avait une capacité personnelle, même en matière de contrats.

III. Des notions qui précèdent il faut conclure que la *patria potestas* faisait du *paterfamilias* un véritable magistrat domestique, au point de vue religieux et au point de vue civil. — Importance politique de cette organisation de la famille Romaine.

SECTION IV. — Comment s'éteignait la *patria potestas*.

§ 1. — Généralités.

I. Division des faits extinctifs : — 1° Le fait extinctif se produisait tantôt dans la personne du *paterfamilias*, tantôt dans la personne du *filiusfamilias*. — 2° L'extinction était tantôt *absolue* (alors le *filiusfamilias* devenait *paterfamilias*), tantôt *relative* (alors le *filiusfamilias* passait sous la *patria potestas* d'une autre personne).

II. Des faits extinctifs qui se produisaient dans la personne du *paterfamilias*. — 1° Ces faits étaient : — a) la mort (3), b) la perte de la liberté (*maxima capitis deminutio*) (4), — c) la perte de la cité (*media capitis deminutio*) (5), — d) la perte de la famille (*minima capitis deminutio*) relativement aux *filiifamilias* de l'adrogé (6) ou du légitimé. — 2° Parmi ces modes d'extinction, quels étaient ceux qui étaient absolus et ceux qui n'étaient que relatifs (7)?

III. Des faits extinctifs qui se produisaient dans la personne du *filiusfamilias* : — 1° Ces faits étaient : — a) la mort, — b) la perte de la liberté (*maxima capitis deminutio*), — c) la perte de la cité (*media capitis deminu-*

---

(1) De là le nom de *liberi* donné aux enfants par opposition aux *servi*.

(2) Dig., *De his qui sui*, L. 9.

(3) Inst. Just., I, 12, pr.

(4) *Ibid.*, § 3. — Nov. 22, C. 8.

(5) Inst. Just., I, 12, §§ 1, 2.

(6) Ulp., *Regl.*, VIII, § 8.

(7) Inst. Just., I, 12, pr.

tio) (1),— *d*) la perte de la famille (*minima capitis deminutio*), émancipation, adoption, *manus, mancipium,* — *e*) l'arrivée à certaines dignités (2). — 2° Parmi ces modes d'extinction, quels étaient ceux qui étaient absolus et ceux qui n'étaient que relatifs ?

§ 2. — De la captivité en particulier (Théorie du *postlimi-nium*) (3).

I. Généralités : — 1° Définition du *postliminium.* — 2° Cette fiction s'appliquait soit aux personnes, soit aux choses. — 3° A quelles conditions ? — 4° La fiction était sans effet quant au *res facti.* — 5° Etymologie du mot *postliminium.*

II. Application du *postliminium* à la *patria potestas :* — 1° Du cas où c'était le *paterfamilias* qui était fait captif de guerre. — Il mourait chez l'ennemi. — Il revenait sur les terres romaines. 2° — Du cas où c'était le *filius-familias* qui était fait captif de guerre. — Même distinction.

§ 3. — De l'émancipation en particulier (4).

I. Définition de l'émancipation.

II. Des formes de l'émancipation : — 1° Droit des XII Tables. — Cette loi ne s'occupait pas de l'émancipation. Elle permettait seulement au *pater-familias* de manciper le *filiusfamilias* de façon à le placer sérieusement *in mancipio* de l'*accipiens*, puis elle ajoutait : « *Si pater ter filium venum duit, filius a patre liber esto* »; pour la fille et les autres descendants, une seule mancipation suffisait (5). — 2° Droit non écrit : — Les prudents s'emparèrent de ces principes pour arriver à l'émancipation. — Mécanisme de l'opération (6). — Contrat de fiducie qui pouvait porter soit que l'*accipiens* s'engageait à émanciper, soit qu'il s'engageait à remanciper l'enfant au père (7). — Étymologie du mot *émancipation.* — 3° Droit d'Anastase (8) : — Émancipation par rescrit du prince. — 4° Droit de Justinien (9) : — L'empereur s'est con-

---

(1) Gaii, *Comm.,* I, §§ 128, 131. — Inst. Just., I, 12, pr.

(2) Gaii, *Comm.,* I, 130; III, § 114. — Inst. Just., I, 12, § 4. — Cod. Just., *De Consul.,* L. 4. Nov. 81, præf. et C. 2.

(3) Gaii, *Comm.,* I, § 129. — Ulp., *Regl.,* X, § 4. — Inst. Just., I, 12, § 5. — Dig., *De capt. et de postlim. revers.*

(4) Inst. Just., I, 12, § 6.

(5) Gaii, *Comm.,* I, § 132. — Ulp., *Regl.,* X, § 1.

(6) *Ibid.* — Paul, *Sent.,* II, 25, § 2, 3 4.

(7) Gaii, *Comm.,* I, § 140.

(8) Cod. Just., *De emancip. liber.,* L. 5.

(9) *Ibid.,* L. 6.

tenté d'une déclaration faite directement devant le magistrat. — Mais il a maintenu les conséquences de l'ancienne émancipation.

III. Qui devait consentir à l'émancipation : — 1° Le *paterfamilias* était-il toujours libre de refuser son consentement (1)? — 2° Le consentement de l'émancipé était-il nécessaire (2) ? — 3° *Quid* du consentement du père lorsque l'aïeul voulait émanciper son petit-fils (3)?

IV. Quels étaient les effets de l'émancipation : — 1° Extinction de la *patria potestas*. — 2° L'émancipé devenait *sui juris*. — Conséquence quant aux enfants conçus avant ou après l'émancipation de leur père (4 — 3° L'émancipé subissait la *minima capitis deminutio*. (Renvoi p. 56.)

§ 4. — De l'adoption en particulier.

I. Sous Justinien, elle n'éteignait pas toujours la *patria potestas*. (Renvoi p. 36.)

II. Formes de l'adoption : — 1° Les prudents, pour arriver à l'adoption, se sont emparés des principes de la Loi des XII Tables sur le *mancipium*, ainsi qu'ils l'avaient fait pour l'émancipation. — Mécanisme de l'opération (5), en distinguant bien les formes qui avaient pour but d'éteindre la *patria potestas* chez le père naturel, et celles qui avaient pour but de la créer chez l'adoptant. — 2° Justinien s'est contenté d'une déclaration faite par le père naturel, l'adoptant et l'adopté devant le magistrat (6).

SECTION V. — Des actions.

1° Actions relatives à la paternité (7). — 2° Actions relatives à la *patria potestas* (8).

(1) Inst. Just., I, 12, § 10. — Cod. Just., *De spectaculis*, L. 6. — Nov. 12, C. 2. — Dig., *De adopt.*, L. 32.
(2) Paul, *Sent.*, II, 25, § 5.
(3) Inst. Just., I, 12, § 7.
(4) *Ibid.*, § 9. — Gaii, *Comm.*, I, § 135.
(5) Gaii, *Comm.*, I, § 134.
(6) *Ibid.*, I, 12, § 8. — Cod. Just., *De adopt.*, L. 11.
(7) Inst. Just., IV, 6, § 13.
(8) Dig., *De rei vend.*, L. 1, § 2.

III

(Gaii, *Comm.*, I, §§ 108 à 115 ; Ulp., *Regl.*, IX.)

§ 1ᵉʳ. — Généralités.

1° Définition de la *manus :* — C'était une puissance domestique propre aux citoyens Romains, analogue à la *patria potestas*, mais qui ne pouvait s'appliquer qu'aux femmes. — 2° Cette puissance découlait du droit civil (1). — 3° A l'époque classique on distinguait deux espèces de *manus*.

§ 2. — De la *manus* sérieuse ou *matrimonii causa*.

I. Généralités : — 1° Cette *manus* était celle qui était formée avec le mari dans le but de constituer la puissance maritale. — 2° De là il résulte que le mariage pouvait être *libre*, c'est-à-dire sans puissance maritale, ou avec *manus*. — 3° Quelques historiens soupçonnent que, dans le très vieux droit Romain, il n'y avait pas de mariage sans *manus*, mais les plus anciens documents ne disent rien de semblable (2).

II. Comment s'acquérait la manus : — 1° Époque des XII Tables : — *farreo*, — *coemptione*, — *usu* (3). — 2° Époque des jurisconsultes classiques : *farreo, coemptione* (4). — 3° Époque du Bas-Empire : — La *manus* avait disparu. — Pourquoi? — 4° Ce pouvoir était d'ailleurs incessible.

III. Des effets de la *manus :* — 1° Lorsque la *manus* était contractée avec le mari *sui juris :* — a) La femme passait dans la *domus* du mari et y prenait le rang de *filiafamilias*. — Conséquences soit au point de vue religieux, soit au point de vue civil, notamment vis-à-vis de la famille du mari et vis-à-vis de la famille de la femme (5). — b) Modification qui s'est produite sous Tibère quand la *manus* était contractée *farreo* (6). — 2° Lorsque

---

(1) Gaii, *Comm.*, I, §§ 108, 109.
(2) Dyon. Halic., I, 2, 25.
(3) Gaii, *Comm.*, §§ 110 à 113, 123.
(4) *Ibid.*, § 111.
(5) Gaii, *Comm.*, I, §§ 111, 136. —

Ibid., III, § 82 et suiv. — Cic., *Topiques*, IV. — Tacite, *Annal.*, XIII, 32. — Aulu-Gelle, *Nuits attiq.*, XVIII, 6.

(6) Tacite, *Annal.*, IV, 16.

la *manus* était contractée avec le mari *filiusfamilias :* — La femme était *loco filiæ* à l'égard de son mari, et *loco neptis* à l'égard de son beau-père. — Conséquences (1).

IV. Comment s'éteignait la *manus :* — 1º La *manus* s'éteignait en principe comme la *patria potestas.* — 2º Conséquences dans les deux hypothèses qui viennent d'être indiquées en traitant des effets de la *manus* (2). — 3º En cas de divorce, la femme avait le droit d'exiger son émancipation. — Qu'était-ce que la *diffareatio* (3) ?

§ 3. — *De la manus fiduciæ causa.*

1. Cette *manus*, imaginée par les prudents, était accompagnée d'un contrat de fiducie. — 2. Elle ne se formait que par *coemptio* et ne se dissolvait normalement que par l'émancipation. — 3º Elle pouvait être contractée soit avec le mari, soit avec un étranger (4). — 4º Ses effets n'étaient pas les mêmes dans les deux cas (5). — 5º Pourquoi la femme se plaçait-elle *in manu fiduciæ causa ?* — Pour changer de tuteur (6), pour tester (7), pour se libérer de l'obligation des *sacra* (8). — La femme ne pouvait-elle pas avoir encore un autre but lorsque la *manus* était contractée avec le mari?

I V

DES PERSONNES IN MANCIPIO

(Gaii, *Comm.*, I, §§ 116 à 119, §§ 138 à 141.)

§ 1. — Généralités.

1º Définition du *mancipium :* — C'était une puissance domestique propre aux citoyens Romains, analogue à la *dominica potestas,* mais qui n'altérait pas l'ingénuité de celui qui y était soumis à l'égard de toute personne autre que son maître. — 2º Cette puissance découlait du droit civil. — 3º A l'époque classique on distinguait deux espèces de *mancipia.*

(1) Gaii, *Comm.*, I, § 148.
(2) *Ibid.*, § 137. — Dig., *De act. rer. amot.*, L. 15, § I.
(3) Festus, vº *Diffar.*
(4) Gaii, *Comm.*, I, § 114.

(5) *Ibid.* § 115 a.
(6) Gaii, *Comm.*, I, § 115.
(7) *Ibid.*, § 115 a.
(8) Cicero, *Pro Murena.*

§ 2. — *Du mancipium sérieux.*

I. Comment s'acquérait le *mancipium :* — 1° Mancipation par le *pater-familias* à un tiers de son *filiusfamilias* (1). — 2° Différentes phases de la législation Romaine, quant au pouvoir que le *paterfamilias* avait de manciper son *filiusfamilias :* a) Sous la loi des XII Tables, ce droit paraît avoir été absolu. — b). A l'époque des jurisconsultes classiques, la mancipation n'avait plus lieu que dans deux cas : Extrême misère du *paterfamilias* (2), abandon noxal (3). — c) Sous Justinien, la mancipation a disparu, mais la vente des enfants est encore permise en cas d'extrême misère, lorsque l'enfant vient de naître (4). — 3° Ce pouvoir domestique était d'ailleurs cessible.

II. Comment s'éteignait le *mancipium :* — 1° Manumission *vindicta, censu, testamento* (5). — Il y avait alors *emancipatio,* c'est-à-dire sortie du *mancipium.* — 2° Ces modes étaient-ils les seuls?

III. Des effets du *mancipium :* — 1° La personne *in mancipio* était *loco servi* (6). — 2° Il existait cependant des différences nombreuses et profondes entre la condition de l'esclave et celle de la personne *in mancipio* (7).

IV. Appendice : — 1° Des *nexi* (8). — 2° Des *addicti* (9). — Des *redempti* (10).

§ 3. — *Du mancipium fiduciæ causa.*

1° Ce *mancipium,* imaginé par les prudents, était accompagné d'un contrat de fiducie. — 2° Il avait pour but de transformer la *patria potestas* et la *manus,* pouvoirs en principe incessibles indissolubles par la volonté du *paterfamilias,* en un pouvoir nouveau, facilement dissoluble, de façon à réaliser l'émancipation (11) ou l'adoption (12). — 3° Plusieurs des effets

---

(1) Gaii, *Comment.,* I, §§ 117, 118.

(2) Paul, *Sent.,* V, 1, § 1.

(3) Gaii, *Comm.,* I, § 118a.

(4) Cod. Just., *De patrib. qui filios suos distraxerunt,* L. I, 2. — Inst. Just., IV, 8, § 7.

(5) Gaii, *Comm.,* I, § 138.

(6) *Ibid.*

(7) Paul, *Sent.,* V, 1, § 1. — Gaii, *Comm.,* I, §§ 139, 140, 141. — II, § 160.

— IV, § 80. — *Coll. leg. Rom. et Mosai-car.,* II, 3.

(8) Varron, *De ling. latin.* — Tite-Live, VII, 28.

(9) Aulu-Gelle, *Nuits attiq.,* XXI. — Quintilien, V, 3, 10. — VII, 3. — Gaii, *Comm.,* IV, § 21.

(10) Dig., *De capt. et postlim.,* L. 12, § 7 et suiv.

(11) Renvoi p. 36 et p. 38.

(12) Renvoi p. 39.

du *mancipium* signalés par les textes n'étaient-ils pas exclusivement propres au *mancipium fiduciæ causa ?* — 4° Sous Justinien, l'Empereur ayant permis que l'émancipation et l'adoption aient lieu par une déclaration directe de volonté (1), il ne pouvait plus être question de cette institution.

CHAPITRE III

DES PERSONNES SUI JURIS

I

GÉNÉRALITÉS

I. Les personnes en tutelle ou en curatelle étaient évidemment soumises au pouvoir (*potestas*) (2) du tuteur ou du curateur ; pourquoi disait-on cependant qu'elles étaient *sui juris :* — 1° Le pouvoir était établi dans l'intérêt de l'incapable pour le protéger. — La tutelle légitime était cependant aussi organisée dans l'intérêt du tuteur. — 2° Le pouvoir était limité. — 3° Il n'empêchait pas le protégé d'avoir un patrimoine propre en qualité de chef de *domus*.

II. Si les personnes *sui juris* étaient seules en tutelle ou en curatelle, comment était donc organisée la protection des *alieni juris* incapables : — 1° A l'origine, aucune de ces personnes ne pouvant avoir de biens personnels, le législateur ne s'était pas occupé de leur protection. — 2° Lorsque le *filiusfamilias* put avoir des biens propres, la loi en confia l'administration à son *paterfamilias*. — 3° Il est du reste évident que les causes qui rendaient un *sui juris* incapable, entraînaient également en principe l'incapacité de l'*alieni juris*.

(1) Inst. Just., I, 12, §§ 6, 8.

(2) Inst. Just., I, 1, § 13. — Dig., *De curat. fur.*, L. 1, pr.

II

DES PERSONNES EN TUTELLE

A. — De la tutelle des impubères.

(Inst. de Just., liv. I, tit. 13 à 23.)

SECTION I^ro. — Généralités.

1° Définition de la tutelle (1) : — *Tutela est vis ac potestas in cap* *libero, ad tuendum cum, qui propter ætatem se defendere nequit, jure civili ac permissa.* — 2° On nomme *pupillus* (2) l'impubère *sui juris* et par con quent en tutelle, et *tutor* (3) (*tuitor*) le protecteur. — 3° Division de la tutelle — Les anciens jurisconsultes romains discutaient la question de sav combien il y avait d'espèces de tutelles (4). — D'après les Institutes Justinien, la tutelle était *testamentaire*, *légitime*, *fiduciaire* ou *déférée par magistrat*.

SECTION II. — Quelles étaient les distinctions à faire po savoir à quelle espèce de tutelle le pupille était soumis?

§ 1er. — Du cas où le pupille était un ingénu devenu *sui jur* sans émancipation.

I. Tutelle testamentaire : — 1° Qui pouvait nommer un tuteur p testament (5)? — De la maxime : *Uti legassit (paterfamilias) super pecun tutelave suæ rei, ita jus esto* (6). — Les mots *suæ rei* désignent les enfa mêmes du testateur; le droit de nommer un tuteur testamentaire était do une conséquence de la *patria potestas.* — 2° A qui le tuteur pouvait-il ê nommé? — Le descendant devait être impubère, être sous la *patria potest* du testateur, ne pas être exposé à la *patria potestas* éventuelle d'un aut ascendant (7). — Ces conditions devaient primitivement se trouver réunies

(1) Inst. Just., I, 13, pr.
(2) Dig., *De verb. signif.*, L. 239, pr.
(3) Inst. Just., I, 13, § 2.

(4) Gaii, *Comm.*, I, § 188.
(5) Inst. Just., I, 13, § 3.
(6) Ulp., *Regl.*, XI, § 14.
(7) Inst. Just., I, 13, § 3.

l'époque de la mort du testateur et à celle de la confection du testament, mais des modifications ont été plus tard introduites, soit pour les postumes à la mort, soit pour les postumes à la confection du testament (1). — 3° Qui pouvait être nommé tuteur? — La tutelle était une charge publique (2). — Conséquences (3). — Étudier spécialement l'hypothèse de la nomination d'un esclave. — Les règles sur la capacité requise pour être tuteur testamentaire s'appliquaient-elles aux autres tuteurs? Avant Justinien il était important de distinguer entre les tutelles légitimes et les autres (4). — 4° Comment la nomination pouvait-elle être faite (5)? — Notamment la nomination pouvait être faite à terme ou sous condition (6) à la différence des autres tutelles.

II. Tutelle légitime des agnats : — 1° Quand y avait-il défaut de tuteur testamentaire (7)? — 2° Qu'étaient-ce que les agnats (8)? — 3° Du principe : *Ubi est successionis emolumentum, ibi et onus tutelæ esse debet* (9). — 4° La tutelle était déférée cumulativement à tous les agnats mâles les plus proches en degrés (10). — 5° Modifications introduites par la Novelle 118 (11).

III. Tutelle légitime des gentils (12) : — 1° Exposé des divers systèmes sur la gentilité (13) : — Système qui la fonde sur un lien du sang. — Système qui la fonde sur un lien politique. — Système qui la fonde sur un lien qui unissait la famille du manumisseur à celle de l'affranchi. — 2° Quand la tutelle des gentils a-t-elle disparu?

IV. Tutelle déférée par le magistrat. (Renvoi *infra*.)

§ 2. — Du cas où le pupille était un affranchi.

I. Tutelle légitime du patron et des enfants du patron : — 1° Tutelle de l'affranchi citoyen Romain. — Cette tutelle avait été attribuée au patron et à ses enfants par interprétation de la loi des XII Tables qui leur déférait l'hérédité (14). — Du cas où il y avait plusieurs patrons (15). — *Quid* lorsque

(1) Inst. Just., I, § 4. — Dig., *De Testam. tut.*, L. 10, § 2.

(2) Inst. Just., I, 25, pr.

(3) *Ibid.*, 1, 14, pr., §§ 1, 2. — Dig., *De tutel.*, L. 17, 18.

(4) *Ibid.*, I, 25, § 13.

(5) *Ibid.*, I, 14, §§ 3, 4, 5. — Gaii, *Comm.*, 1, § 149.

(6) Dig., *De test. tut.*, L. 8, § 2.

(7) Inst. Just., I, 15, § 2. — Dig., *De testam. tut.*, L. 11.

(8) *Ibid.*, I, 15, § 1.

(9) *Ibid.*, I, 17.

(10) *Ibid.*, I, 16, § 7.

(11) Nov. 118, C. 5.

(12) Gaii, *Comm.*, III, § 17.

(13) Cic., *Topiques*, 6.

(14) Inst. Just., I, 17.

(15) Dig., *De legit. tutela*, L. 3.

l'un d'eux venait à mourir laissant des enfants (1)? — 2° Tutelle du La
Junien (2). — 3° Tutelle du Déditice?

II. Tutelle déférée par le magistrat. (Renvoi *infra*.)

§ 3. — Du cas où le pupille était un ingénu devenu *sui ju*
par émancipation.

A. — Du cas où le *mancipium* avait été sérieux.

1° Les textes sont muets, — 2° Mais il faut appliquer les règles relati
à l'affranchi citoyen Romain.

B. — Du cas où le *mancipium* n'avait été conféré que *fiduciæ causa*.

I. Tutelle légitime du *parens manumissor* et tutelle fiduciaire :
1. Droit antérieur à Justinien : — *a*) Du cas où la manumission avait
accomplie par le *manumissor extraneus :* — Le manumisseur était tut
fiduciaire (3). — Ses enfants étaient-ils tuteurs? — *b*) Du cas où la manu
sion avait été accomplie par le *parens :* — Le *parens* était tuteur légitime(
— Ses enfants n'étaient que tuteurs fiduciaires (5). — 2° Droit de Justinie
— Le *parens* était toujours tuteur légitime (6). — Ses enfants n'étai
que tuteurs fiduciaires (7). — Motif inexact de cette règle donné p
Justinien (8).

II. Tutelle déférée par le magistrat. (Renvoi *infra*.)

§ 4. — Du cas où le pupille était un *liber naturalis* ou un sp
rius.

I. La tutelle déférée par le magistrat se présentait seule dans ce cas

II. Étude de la tutelle déférée par le magistrat : — 1° Quelles sont
lois qui ont organisé cette tutelle (9)? — 2° Quand y avait-il lieu à ce
tutelle? — Du cas où le magistrat choisissait librement le tuteur (10)? —
cas où le magistrat ne faisait que confirmer la nomination (11). — La tute
confirmée excluait-elle la tutelle légitime ou fiduciaire? — 3° Quels étai

---

(1) Dig., *De leg. tutor.*, L. 3, § 5.
(2) Gaii, *Comm.*, I, § 167.
(3) Gaii, *Comm.*, I, § 166. — Ulp.,
Regl., XI, § 5.
(4) Gaii, *Comm.*, I, §§ 172, 175.
(5) *Ibid.*, § 175.
(6) Inst. Just., I, 18.

(7) Inst. Just., I, 19.
(8) *Ibid.*
(9) *Ibid.*, I, 20, pr.
(10) *Ibid.*, pr. §§ 1, 2.
(11) *Ibid.*, I, 13, § 5. — Dig.,
Confirm. tutor.

les magistrats qui avaient qualité pour nommer les tuteurs (1)? — 4. Qui avait qualité pour requérir la nomination des tuteurs (2)?

SECTION III. — Des droits et des devoirs du tuteur.

§ 1. — Des droits et des devoirs du tuteur quant à la personne du pupille.

1° Le tuteur devait sans doute s'occuper de la personne du pupille. — 2° Cependant il n'avait ni le droit de garde, c'était le magistrat qui prenait à cet égard les mesures nécessaires (3), ni le droit de correction qui finit par être confié aux *seniores propinqui* (4).

§ 2. — Des droits et des devoirs du tuteur quant aux biens du pupille.

I. Généralités : — 1° Le tuteur administrait les biens du pupille sous sa responsabilité (5). — Règles générales de son administration. — 2° A l'égard des tiers, il interposait son *auctoritas* ou il *gérait les affaires* du pupille (6). — Dans le premier cas le pupille et le tuteur étaient en scène, dans le second, le tuteur agissait seul.

II. De l'*auctoritas :* — 1° L'*auctoritas* intervenait *ad integrandam personam pupilli.* — Conséquences qui étaient tirées de ce principe relativement aux conditions dans lesquelles l'*auctoritas* devait intervenir (7). — Dans l'ancien droit, le tuteur devait-il manifester son consentement par des paroles solennelles? — C'est en se plaçant au point de vue de l'*auctoritas* que les Romains disaient que le tuteur était donné *à la personne* (8). — 2° Le pupille avait-il toujours besoin de l'*auctoritas* de son tuteur pour faire valablement un acte juridique relatif à ses biens? — *a*) Pour résoudre cette question, il faut d'abord étudier les distinctions suivantes : — La pupillarité se divisait en trois périodes : *infantia, infantiæ proximitas, pubertati proximitas* (9). — Qu'est-ce que faire sa condition meilleure ou pire (10)? — Qu'entendait-on par *aliquis intellectus* et par *animi judicium* (11)? — *b*) L'*infans* ne pouvait en

(1) Inst. Just., I, 20, pr., §§ 3, 4, 5.
(2) Dig., *Qui petant tutor.*
(3) Dig., *Ubi pup. educ. vel morari debeat.* — Inst. Just., I, 26, §§ 9, 10.
(4) Cod. Just., *De emend. propinq.*
(5) Dig., *De admin. et peric. tutor.*
(6) Ulp., *Regl.*, XI, § 25.
(7) Inst. Just., I, 21, §§ 2, 3. — Gaii

Comm., I, § 184. — Dig., *De auct. tutor.*, L. 3, 8, 9, § 6.
(8) Inst. Just., I, 13, § 4.
(9) *Ibid.*, III, 19, § 10.
(10) *Ibid.*, I, 21, pr.
(11) *Ibid.*, II, 12, § 1. — III, 19, § 10.

principe faire sa condition ni meilleure ni pire. — L'*infantiæ proximus* pouvait faire sa condition meilleure lorsqu'il s'agissait d'un acte n'exigeant pas l'*animi judicium*, il ne pouvait faire sa condition pire (1), sinon dans les limites de son enrichissement (2). *Quid* si le contrat était synallagmatique? — Ces règles s'appliquaient au *pubertati proximus*, sauf qu'il pouvait faire sa condition pire par un délit (3); — 3° Le pupille et le tuteur réunis pouvaient-ils faire valablement tous les actes juridiques? — *a*) *Jure civili*, la réponse doit être affirmative en principe. — Néanmoins, il y avait exception quant au testament et aux donations. — Sénatus-consulte rendu sous Septime Sévère (4), relativement aux *prædia rustica vel suburbana*, et dont les dispositions ont été étendues par Constantin (5). — *b*) *Jure prætorio*, tout acte valablement accompli par le tuteur et le pupille pouvait encore donner naissance à la *restitutio in integrum* au profit de ce dernier (6). — Vices de ce système. — *c*) La nullité civile et la *restitutio* prétorienne différaient sous trois rapports principaux : preuve de la lésion, délai, procédure. — La *restitutio*, n'était en outre qu'un remède subsidiaire.

III. De la gestion : — 1° Lorsque le tuteur gérait, il ne représentait pas la personne du pupille; vis-à-vis des tiers, l'affaire était donc accomplie comme si elle était personnelle au tuteur. — Mais il a été fait à ce principe des dérogations successives. — (7) 2° Du reste certains actes étaient absolument interdits au tuteur (8), et pour les autres la *restitutio in integrum* restait ouverte au pupille. — Vices de ce système. — 3° Le tuteur pouvait-il à son choix donner l'*auctoritas* ou gérer? — Distinction tirée des diverses périodes de la pupillarité (9), combinée avec celle qui résultait de ce que l'acte à accomplir était ou n'était pas *legitimus* (10).

IV. Comment se répartissait l'administration tutélaire lorsqu'il y avait plusieurs tuteurs (11)?—Du cas où il y avait un tuteur onéraire et des tuteurs honoraires. — Du cas où les tuteurs exerçaient leurs fonctions en commun. — Du cas où l'administration était divisée par régions ou par parties.

(1) Inst. Just., I, 21, pr., § 1.
(2) Dig., *De auct. tut.*, L. 1 ; L. 5, pr.
(3) Inst. Just., IV, I, § 10.
(4) Dig., *De rebus eorum qui sub tutela.*
(5) Cod. Just., *De adm. tut.*, L. 22.
(6) Dig., *De minor. XXV ann.*, L. 49 ; L. 29, pr.
(7) *Ibid.*, *Quando ex facta tut.*

(8) Dig., *De adm. et per.*, L. 22.
(9) *Ibid.*, *De admin. et per tut.*, L. 1, § 2. — *De reg. jur.*, L. 5.
(10) Dig., *De reg. jur.*, L. 77.
(11) *Ibid.*, *De admin. et per tut.*, L. 3, 4. — Dig., *De auct. tut.*, L. 4. — Ulp., *Regl.*, XI, § 26. — Cod. Just., *De auct. prest.*, L. 5.

§ 3. — Des devoirs du tuteur quant aux garanties destinées à assurer sa bonne administration. (Renvoi p. 53.)

SECTION IV. — De l'extinction de la tutelle (1).

1° Extinction absolue ou *ex parte pupilli*. — Insister principalement sur l'extinction par l'arrivée du pupille à la puberté; quels sont les divers systèmes qui se sont produits à cet égard (2)? — 2° Extinction relative ou *ex parte tutoris*. — Pourquoi la *minima capitis deminutio* éteignait-elle seulement les tutelles légitimes?

SECTION V. — Des actions. (Renvoi p. 54.)

B. — De la tutelle des femmes pubères.

(Gaii *Comm.*, I, §§ 144 et suiv., passim.)

§ 1er. — Époque de la loi des XII Tables.

1° La tutelle des femmes pubères était sérieuse et régie par des principes analogues à ceux de la tutelle des impubères; — 2° Pourquoi les femmes pubères étaient-elles en tutelle (3)?

§ 2. — Époque des jurisconsultes classiques.

I. La tutelle des femmes pubères était considérée à cette époque comme une institution surannée (4); aussi tout l'effort des jurisconsultes tendait à en débarrasser les femmes (5).

II. De là de nombreuses différences entre la tutelle des femmes pubères et celle des impubères : — 1° Quant aux espèces de tutelle auxquelles les femmes pouvaient être soumises : — Tutelle optive (6), — Suppression de la tutelle des agnats (7), — Tutelle *cessice* (8), — Pouvoir qu'avait la femme

---

(1) Inst. Just., I, 22.
(2) Ulp., *Regl.*, XI, § 28.
(3) Ulp., *Regl*, XI, § 1.
(4) Gaii *Comm.*, I, §§ 189, 190.
(5) Cic., *Pro Murena*.

(6) Gaii *Comm.*, I, §§ 150 à 154.
(7) *Ibid.*, § 157. — Cod. Just., *De legit. tut.*, L. 3.
(8) *Ibid.*, §§ 168 à 172. — Ul,.p *Regl.*, XI, §§ 6 à 8.

4

de changer de tuteur (1). — 2° Quant aux droits et aux devoirs du tuteur: — Le tuteur de la femme n'administrait pas ses biens (2), — La femme pouvait sans *auctoritas* du tuteur faire sa condition pire dans certains cas (3), et notamment aliéner les *res nec mancipi*. — Même dans le cas où l'*auctoritas* était requise, le préteur, à moins que le tuteur ne fût patron ou *parens manumissor*, forçait le tuteur à donner l'*auctoritas* (4), — Le tuteur de la femme n'avait aucune garantie à fournir. — 3° Quant à l'extinction de la tutelle : — La tutelle de la femme était perpétuelle (5). — Elle s'éteignait quand la femme devenait vestale (6), et lorsqu'elle avait un certain nombre d'enfants (7). — 4° Quant aux actions : — Il ne pouvait en exister (8).

§ 3. — Époque du Bas-Empire.

1° La tutelle des femmes pubères avait entièrement disparu. – 2° Pourquoi et comment?

III

DES PERSONNES EN CURATELLE

(Inst. de Just., liv. I, tit. 23 à 26.)

SECTION Irᵉ. — Généralités.

1° Définition de la curatelle. — Elle différait essentiellement de la tutelle, en ce que le curateur ne prestait jamais l'*auctoritas;* — 2° Division de la curatelle : — Elle était *légitime* ou *déférée par le magistrat*.

SECTION II. — Des diverses classes de personnes en curatelle.

I. De l'adolescent. — 1° Généralités : — Qu'était-ce qu'un *adolescens* ou *adultus* (9)? On nomme ainsi l'homme entre 14 et 25 ans révolus, la femme entre 12 et 25 ans révolus. — L'expression mineur de 25 ans est plus large

---

(1) Gaii *Comm.*, I, § 115.
(2) *Ibid.*, § 190. — Ulp., *Regl.*, XI, § 25.
(3) Ulp., *Regl.*, XI, § 27.
(4) Gaii *Comm.*, I, §§ 190, 192.

(5) Gaii *Comm.*, I, § 144.
(6) *Ibid.*, § 145.
(7) *Ibid.*, §§ 145, 194.
(8) *Ibid.*, § 191.
(9) Inst. Just., I, 23, pr.

puisqu'elle comprend même les impubères, aussi faut-il éviter de l'employer pour désigner les mineurs de 25 ans qui étaient en curatelle (1). — Pourquoi les adolescents étaient-ils en curatelle (2)? — Même à l'époque classique, les femmes adultes étaient-elles en curatelle (3)? — 2° En vertu de quelles dispositions législatives l'adolescent était-il en curatelle? — a) Loi *Plætoria* ou *Lætoria* (4) : — Elle organisait un *judicium publicum* ouvert à tous, contre celui qui avait frauduleusement trompé un adolescent; la condamnation entraînait la note d'infamie; mais l'adolescent pouvait-il obtenir la nullité de l'opération juridique qu'il avait accomplie? — Nomination possible d'un curateur spécial à chaque affaire. — Insuffisance de cette loi. — b) Édit du préteur (5): — *Restitutio in integrum* en cas de lésion. — Nomination possible d'un curateur spécial à chaque affaire. — Insuffisance de ces dispositions du droit prétorien. — c) Constitution de Marc-Aurèle (6) : — Nomination possible d'un curateur général *non redditis causis.* — 3° A quelle espèce de curatelle l'adolescent pouvait-il être soumis? — L'adolescent n'était jamais soumis qu'à la curatelle déférée par le magistrat. — Mais il fallait distinguer entre le cas où le magistrat choisissait librement le curateur et celui où il ne faisait que confirmer la nomination (7). — En principe, le magistrat ne pouvait nommer un curateur à l'adolescent que sur la demande expresse de ce dernier (8); ce principe comportait trois exceptions (9).

II. Du prodigue : — 1° Qu'était-ce qu'un *prodigus* (10)? — Il était interdit (11), ce qui veut dire que son incapacité était proclamée par un décret du magistrat. — 2° En vertu de quelles dispositions législatives le prodigue était-il en curatelle (12)? — La loi des XII Tables avait organisé cette curatelle, mais pour un cas spécial; l'Édit du préteur a complété ses dispositions. — 3° A quelle espèce de curatelle était-il soumis (13)? — a) Du cas où le prodigue était un ingénu devenu *sui juris* sans émancipation : — Si le prodigue avait recueilli l'hérédité paternelle *ab intestat :* curatelle légitime des agnats, curatelle légitime des gentils, curatelle déférée par le magistrat. — S'il n'a-

(1) Dig., *De min. XXV ann.*, L. 49.

(2) Inst. Just., I, 23, pr.

(3) Dig., *De admin. et per. tut.*, L.43, § 1.

(4) Tables d'Héraclée. — Cic., *De nat. deor.*, III, 30; *De offic.*, III, 15.

(5) Dig., *De minor. XXV ann.*, L. 1.

(6) Capitolinus, *In vita Marci-Aurelii.*

(7) Inst. Just., I, 23, § 1.

(8) Inst. Just., I, 23, § 2.

(9) Cod. Just., *Qui petant tut.*, L. 1, 7. — Dig., *De adm. et per tut.*, L. 5, § 5. — Dig., *De min. XXV ann.*, L. 7, § 2.

(10) Dig., *De curat. fur.*, L. 1.

(11) Paul, *Sent.*, III, 4, § 7.

(12) Inst. Just., I, 23, § 3.

(13) *Ibid.* — Ulp., *Regl.*, XII, §§ 2, 3. — Cic. *Rhet.*, 13.

vait pas recueilli l'hérédité paternelle *ab intestat :* curatelle déférée par le magistrat. — *b*) Dans tous les autres cas, cette curatelle se présentait seule.

III. Du fou : — 1° Qu'était-ce qu'un *furiosus* (1)? — Il n'était pas interdit. — Vice de ce système qui mettait le fou dans la nécessité de prouver qu'il n'avait pas agi dans un intervalle lucide. — 2° En vertu de quelles dispositions législatives le fou était-il en curatelle? Même réponse que pour le prodigue. — 3° A quelle espèce de curatelle était-il soumis (2)? Même réponse.

IV. De l'idiot : — Mêmes questions (3).

V. Du pupille : — 1° Puisque le pupille était en tutelle, comment pouvait-il arriver qu'il eût un curateur? — Qu'était-ce qu'un *prætorius tutor* (4)? — Réforme de Justinien (5). — 2° A quelle espèce de curatelle le pupille pouvait-il être soumis (6) ?

SECTION III. — Des droits et des devoirs du curateur.

§ 1er. — Des droits et des devoirs du curateur quant à la personne de l'incapable.

1° Le curateur devait sans doute s'occuper de la personne de l'incapable (7). — Mais le droit de garde ne lui appartenait pas (8).

§ 2. — Des droits et des devoirs du curateur quant aux biens de l'incapable.

I. Du curateur de l'adolescent : — 1° Le curateur administrait les biens de l'adolescent sous sa responsabilité (9). — A l'égard des tiers, il donnait son *consensus* ou il *gérait.* — 2° Du *consensus* (10) : — *a*) Le *consensus* n'était pas donné *ad integrandam personam.* — De là de nombreuses différences entre le *consensus* d'un curateur et l'*auctoritas* d'un tuteur (11). — *b*) L'adolescent pouvait toujours faire sa condition meilleure sans le concours de son curateur. — Il pouvait aussi la faire pire par un délit. — Dans les autres cas, s'il n'avait pas de curateur général, il ne pouvait faire tomber l'acte

---

(1) Cic., *Tusc.*, III, 5.
(2) Inst. Just., I, 23, § 3.
(3) *Ibid.*, § 4.
(4) Gaii *Comm.*, § I, 184.
(5) Inst. Just., I, 21, § 3.
(6) *Ibid.*, §§ 5, 6.
(7) Dig., *De curat. fur.*, L. 7, pr.
(8) *Ibid.*, *Ubi pup. educ.*, L. 3 pr., § 5.

(9) Dig., *De adm. et per. tutor. et curat.*
(10) *Ibid.*, *De auct. et consensu tutor. et curat.*
(11) Inst. Just., I, 14, § 4. — *Ibid.*, 21, §§ 2, 3. — *Ibid.*, 23, § 2. — Dig., *ad snc. Trebellian.*, L. 1, §§ 13, 14.

juridique par lui accompli que *jure prætorio*, en invoquant la *restitutio in integrum* pour cause de lésion : s'il avait un curateur général, la jurisprudence tendit depuis Marc-Aurèle à le considérer comme incapable *jure civili;* donc, lorsqu'il avait agi sans le *consensus* de son curateur, il pouvait demander la nullité de l'acte *tanquam minor;* s'il avait au contraire agi avec le *consensus* de son *curator,* il avait encore la ressource de la *restitutio in integrum tanquam læsus* (1). — 3° De la gestion. — Le curateur ne représentait pas la personne de l'adolescent. — Dérogations successives.

II. Des autres curateurs : — 1° Ils administraient les biens de l'incapable. — 2° Mais ils ne lui donnaient pas le *consensus.* — *Quid* cependant du curateur du prodigue? — 3° Quelles étaient les limites de l'incapacité des personnes en curatelle? — *a)* Le prodigue pouvait faire seul sa condition meilleure. — Il pouvait aussi la faire pire par un délit. — Dans les autres cas, il était frappé d'incapacité *jure civili* (2). — *b)* Le fou était capable dans les intervalles lucides, incapable dans les moments de folie *jure civili* (3). — *c)* L'idiot, en supposant l'idiotisme complet, ne pouvait faire sa condition ni meilleure ni pire. — *d)* Quant à l'incapacité du pupille, renvoi p. 47. — 4° Les fonctions de ces curateurs consistaient donc essentiellement à gérer. — Les curateurs légitimes représentaient la personne de l'incapable (4).

§ 3. — Des devoirs du curateur (et du tuteur) quant aux garanties destinées à assurer sa bonne administration.

I. Garanties qui devaient précéder l'entrée en fonctions. — 1° De la *satisdatio :* — Qu'entendait-on par *cautio?* — Qu'était-ce que la *satisdatio* (5) : — Le tuteur commençait par promettre *rem pupilli salvam fore,* puis il fournissait un ou plusieurs fidéjusseurs; qui jouait le rôle de stipulant (6)? — Quels étaient les tuteurs et curateurs qui devaient *satisdare* (7)? — Qu'arrivait-il lorsque le tuteur ou curateur obligé à *satisdare* ne le faisait pas (8)? — De l'action subsidiaire (9). — Quels étaient les magistrats qui devaient exiger la *satisdatio* (10)? — 2° De l'inventaire (11).

(1) Dig., *De min. XXV ann.* — Dig., *De verb. oblig.,* L. 101. — Cod. Just., *De in integr. restit.,* L. 3.

(2) Dig., *De verb. oblig.,* L., 6. — *De Noval.,* L. 3.

(3) Dig., *De oblig. et act.,* L. 1, § 12. — Cod. Just., *De curat fur.,* L. 6.

(4) Gaii *Comm.,* II, § 64.

(5) Dig., *Rem. pup. vel adol. salv. fore.*

(6) Dig,. *De mag. conv.,* L. 1, §§ 15,

16. — *Ibid.,* *De fid. et nom.,* L. 4, § 3.

(7) Ins. Just., I, 24, pr., § 1. — Dig., *De confirm. tut.,* L. 5. — *Ibid.,* *De leg. tut.,* L, 5, § 1.

(8) Inst. Just., I, 24, § 3. — Cod. Just., *De susp. tut.,* L. 3.

(9) Inst. Just., I, 24, § 2. — Dig., *De mag. conv.,* L. 1, §§ 11.

(10) Inst. Just., I, 24, § 4.

(11) Cod. Just., *Arbitr. tutelæ,* L. 43, § 1.

II. Garanties postérieures à la cessation des fonctions : — 1° Du compte de tutelle ou de curatelle (1). — Un compte provisoire pouvait être exigé de certains curateurs pendant leur gestion. — 2° Le payement du reliquat, déjà garanti en général par la *satisdatio*, l'était toujours en outre par un privilège personnel (2), et à une certaine époque par une hypothèque (3).

SECTION IV. — De l'extinction de la curatelle.

I. Extinction absolue ou se produisant du côté de l'incapable (4). — Qu'était-ce spécialement que la *venia ætatis?*

II. Extinction relative ou se produisant du côté du curateur. — Insister particulièrement ici sur : — 1° L'excuse (5). — Elle était tantôt *a suscepta*, tantôt *a suscipienda tutela tantum;* les excuses de la première classe mettaient seules fin à la tutelle ou à la curatelle. — 2° La destitution du tuteur ou curateur comme suspect (6).

SECTION V. — Des actions.

I. Actions spéciales à la tutelle : — 1° Actions *tutelæ directa et contraria*. — 2° Actions *de rationibus distrahendis* (7).

II. Actions spéciales à la curatelle. — Actions *negotiorum gestorum utiles, directa et contraria* (8) qui étaient régies par des principes analogues à ceux qui s'appliquaient aux actions *tutelæ*.

III. Actions communes à la tutelle et à la curatelle : — 1° Action subsidiaire (9). — 2° *Condictio* contre les fidéjusseurs. — 3° Action pour faire déclarer l'excuse (10). — 4° Action *quasi publica* pour faire déclarer le tuteur ou curateur suspect (11).

---

(1) Inst. Just., I, 20, § 7. — Dig., *De tutelæ et ration.*

(2) Dig., *De adm. et per. tut.*, L. 42. — Ibid., *De tut. et rat.*, L. 25.

(3) Cod. Just., *De admin. tut.*, L. 20.

(4) Cod. Just., *De his qui veniam ætatis*. — Ibid., *De curat. fur.*, L. 6.

(5) Inst. Just., I. 25. — Frag. Vatic., §§ 123 et suiv.

(6) Inst. Just., I, 26.

(7) Dig., *De tutelæ et ration. distrah.* — Ibid., *De contrar. tutelæ.*

(8) Dig., *De tut. et ration. distrah.*, L. 4, § 3.

(9) Inst. Just., I, 24, § 2.

(10) Ibid., I, 25, § 16.

(11) Ibid., I, 26.

TITRE QUATRIÈME

DE LA CAPITIS DEMINUTIO

(Inst. de Just., liv. I, tit. 16.

§ 1ᵉʳ — Généralités.

1º Définition de la *capitis deminutio :* — *a)* La *capitis deminutio* était la déchéance d'état qui résultait, pour un citoyen romain, de la perte de la famille, de la cité ou de la liberté. — La personne du *capite minutus* était réputée morte (1), et, en droit, celui-ci était une *nova persona.* — Lorsque Gaius (2) et Justinien (3) définissent la *capitis deminutio, status commutatio* ou *permutatio,* ils n'entendent donc pas parler d'un *status* quelconque, mais des trois *status* par excellence : *libertatis, civitatis, familiæ* (4). Ainsi la personne exclue du Sénat ne subissait pas la *capitis deminutio* (5). — Du reste, l'acquisition de l'un de ces *status* n'entraînait jamais *capitis deminutio.* Ainsi l'esclave affranchi ne subissait pas la *capitis deminutio* (6), et il en était de même du pérégrin qui devenait citoyen Romain (7). — Elle ne résultait que de la *perte* de l'un des *status* (8). — *b)* Les Romains distinguaient trois *capitis deminutiones,* la *minima,* la *media* ou *minor,* et la *maxima* (9), ce qui nous paraît exclure l'idée qu'il n'y en aurait eu au fond qu'une seule produisant toujours les mêmes effets. — *c)* Logiquement on eût pu distinguer les effets qui dérivaient de la perte du *status* et ceux qui résultaient de la *capitis deminutio,* c'est-à-dire de la fiction de mort ; mais les Romains ne paraissent pas

---

(1) Gaii *Comm.,* III, § 153. — Dig., *De bon. poss. contr. tab.,* L. 1, § 8. — Les Romains n'ont pas tiré de cette fiction toutes les conséquences qu'elle comportait.

(2, Gaii *Comm.,* I, § 159. — Dig., *De capit. minut.,* L. 1.

(3) Inst. Just., I, 16, pr.

(4) Dig., *De capit. minut.,* L. 11.

(5) Inst. Just., I, 16, § 5.

(6) Inst. Just., I, 16, § 4.

(7) Le pérégrin pouvait être *capite minutus* d'après la loi de sa cité, si elle admettait la *capite deminuti*, mais il n'était pas *capite minutus* d'après la loi Romaine.

(8) Dig., *De capit. minut.,* L. 11. *cum amittimus...*

(9) Gaii *Comm.,* I, § 159. — Inst. Just., I, 16, pr.

s'être arrêtés à cette idée et, selon nous, ils ont confondu la *capitis deminuti*, et sa *cause* (1). — C'est en partant de ces prémisses, fort contestées, que les paragraphes suivants ont été rédigés. — 2° Étymologie du mot *capitis deminutio*. — 3° Peut-on traduire cette expression?

§ 2. — *Minima capitis deminutio* (ou perte du *status familiæ*)

I. Quels étaient les faits qui la produisaient? — 1° Le mot *familia* est pris ici dans l'acception romaine de *domus* (2), c'est-à-dire pour désigner le *paterfamilias* actuellement vivant, et les personnes soumises à sa *patria potestas* ou à sa *manus* (3). — 2° Dans le cas où un *paterfamilias* passait dans une autre *domus* en qualité de *filiusfamilias*, la *capitis deminutio* était toujours encourue (adrogation, *manus* pour la femme *sui juris*, légitimation) (4); — 3° Dans le cas où un *filiusfamilias* passait dans une autre *domus* en qualité de *paterfamilias*, la *capitis deminutio* ne se produisait que dans l'hypothèse de l'*émancipation*; dans toutes les autres (mort, *maxima*, *media*, *capitis deminutio* du *paterfamilias*, arrivée du *filiusfamilias* aux dignités qui libéraient de la *patria potestas*) (5), le *filiusfamilias* devenait *paterfamilias* sans subir la *capitis deminutio*; — 4° Dans le cas où un *filiusfamilias* passait dans

(1) Ainsi, pour expliquer pourquoi l'émancipé ou l'adopté n'était plus *suus heres*, il suffisait de constater qu'il était sorti de la *domus*, qu'il avait perdu son *status familiæ*, la fiction de sa mort était absolument inutile, c'est pourtant à la *capitis deminutio* que les textes rattachent fréquemment ce résultat (Dig., *De suis et leg. her.*, L. 1, § 4, L. 14). De même pour expliquer pourquoi le citoyen Romain devenu pérégrin perdait les fonctions publiques qu'il exerçait (*officia publica*), notamment la tutelle, il suffisait de constater qu'il n'était plus citoyen Romain, qu'il avait perdu son *status civitatis*, la fiction de sa mort était encore inutile, c'est pourtant la *capitis deminutio* qui est invoquée par les jurisconsultes (Dig., *De cap. minut.*, L. 5, § 2; L. 6. — Inst. Just., I, 22,

§ 4). Ils auront été sans doute déminés par cette considération que la distinction, souvent difficile, était à tout le moins sans intérêt pratique. Ajoutons qu'il pouvait être intéressant de distinguer entre celui qui avait été membre d'une *domus* et celui qui n'en avait jamais fait partie, de même pour la cité et la liberté; ainsi le déporté, qui avait encouru la *media capitis deminutio*, à la différence des autres pérégrins, n'était rattaché à aucune cité, il pouvait recouvrer ses droits par une *restitutio*, etc. (Inst. Just., I, 12, § 1. — Dig., *De inj. rupt.*, L. 6, § 12).

(2) Dig., *De bon. poss. sec. tab.*, L. 11, § 2.

(3) Renvoi, p. 30.

(4) Inst. Just., I, 16, § 3.

(5) Dig., *De s_nc. Macedoniano*, L. 3, § 4. — Gaii *Comm.*, III, § 114.

une autre *domus* en qualité de *filiusfamilias*, il y avait *capitis deminutio* dans certaines hypothèses (adoption, adrogation relativement aux *filiifamilias* de l'adrogé, *manus* pour la femme *alieni juris, mancipium*) (1), mais elle ne se produisait pas dans les autres (mort, *maxima, media capitis deminutio* de l'aïeul relativement aux petits-enfants qui passaient dans la *domus* de leur père). — 5° Pourquoi le changement de *domus* entraînait-il dans certains cas *minima capitis deminutio* et laissait-il intact dans d'autres cas le *status familiæ* ? — La pensée des Romains paraît avoir été celle-ci : Il y avait des faits qui *normalement* faisaient changer de *domus*, en pareil cas le changement s'accomplissait sans perte du *status familiæ ;* il y en avait d'autres qui étaient *accidentels*, c'est-à-dire contraires à l'organisation normale de la *domus*, alors la *capitis deminutio* était encourue (2). — De ces prémisses il résulte qu'il y avait un lien étroit entre la *patria potestas* et la *minima capitis deminutio*. On peut dire que celle-ci était encourue toutes les fois qu'il y avait création ou extinction anomale de la *patria potestas*. — 6° Réfutation d'une théorie moderne d'après laquelle la *minima capitis deminutio* supposerait l'amoindrissement de la capacité antérieure.

II. Quels étaient les effets de la *minima capitis deminutio :* — 1° Ces effets étaient concentrés dans le cercle du droit privé (3) ; — 2° Droit civil : *a*). — Effets quant aux *sacra privata*. — *b*). Effets quant aux droits de famille : — Le *capite minutus* perdait tous les droits qui avaient leur source dans le *jus civile (domus, agnatio, gentilitas, jura patronatus)* (4). — Mais il conservait intacts tous ceux qui avaient leur source dans le *jus naturale (cognatio, adfinitas)* (5) et ceux qui consistaient plutôt *in facto quam in jure (justæ nuptiæ)* (6). — *c*). Effets quant aux droits de patrimoine : — C'était seulement, au moins dans l'ancien droit, lorsqu'un *paterfamilias* devenait *filiusfamilias* que la question pouvait se poser. — Le testament du *capite minutus* était *irritum* (7). — Ses biens étaient acquis au nouveau chef de la *domus*, mais, en principe, les dettes étaient éteintes (8). — Toutefois les droits constitués au *capite minutus intuitu personæ* s'éteignaient d'une ma-

---

(1) Dig., *De capit. minut.*, L. 3, pr. — Ulp., *Regl.*, XI, § 13.

(2) Dig., *De lib. et post.*, L. 28, § 1, *in fine*. L'arrivée du *filiusfamilias* aux dignités aurait dû entraîner *capitis deminutio*, et c'était par une faveur spéciale qu'il en était autrement.

(3) Dig., *De capit. minut.*, L. 5, § 2 ; L. 6.

(4) Inst. Just., I, 15, § 3. — Cic., *Topiques*, 6. — Gaii, *Comm.*, III, §§ 51, 83.

(5) Inst. Just., I, 15, § 3. — Dig., *De grad. et adf.*, L. 4, § 10.

(6) Dig., *De capit. minut.*, L. 10.

(7) Inst. Just., II, 17, § 4.

(8) Gaii *Comm.*, III, §§ 82 *et seq.*

nière absolue (usufruit, usage, société, mandat) (1). — *d*) Du reste, la capacité générale du *capite minutus*, resté libre et citoyen Romain, n'était pas affectée par la *minima capitis deminutio*. — 3° Droit Prétorien : — Le préteur était hostile à cette institution : aussi dans beaucoup de cas il tenait la *minima capitis deminutio* pour nulle et non avenue et il en supprimait les effets (2). — 4° Droit de Justinien : — Cet empereur s'est de plus en plus engagé dans cette voie (3).

§ 3. — *Media capitis deminutio* (ou perte du *status civitatis*).

I. Quels étaient les faits qui la produisaient (4) : — Ces faits étaient identiquement ceux qui faisaient perdre à une personne la qualité de citoyen Romain (Renvoi p. 25).

II. Quels étaient ses effets : — 1° Elle avait des conséquences importantes au point de vue du droit public (5). — 2° Dans le cercle du droit privé, elle produisait tous les effets de la *minima capitis deminutio*, mais de plus elle attaquait certains droits naturels comme la *cognatio*, l'*adfinitas*, la *reverentia* due au patron (6). — En outre, elle affectait la capacité générale du *capite minutus* puisqu'il n'était plus citoyen Romain. — 3° Le préteur respectait les effets de la *media capitis deminutio*. — 4° Justinien a fait de même.

§4. — *Maxima capitis deminutio* (ou perte du *status libertatis*).

I. Quels étaient les faits qui la produisaient (7) : — Ces faits étaient identiquement ceux qui faisaient perdre à un citoyen romain la qualité d'homme libre (Renvoi p. 28).

II. Quels étaient ses effets : — 1° Elle avait des conséquences impor-

---

(1) Gaii *Comm.*, III, §§ 83, 153, 114.

(2) Gaii *Comm.*, II, §§ 135, 147 ; III, §§ 25, 26, 84.

(3) Voy. dans la 2ᵉ partie de nombreuses conséquences des règles qui précèdent.

(4) Inst. Just., I, 16, § 2.

(5) Dig., *De cap. minut.*, L. 5, § 2 : L. 6.

(6) Inst. Just., I, 16, § 6. — Dig., *De grad. et adf.*, L. 4, § 11. — *Ibid.*, *De in jur. voc.*, L. 10, §§ 2, 6. — Ces textes prouvent que toutes les *capitis deminu-* tiones ne produisaient pas les mêmes effets, même *jure civili*. Cela est évident dans le droit civil moderne. D'après le snc. Orphitien, l'enfant qui avait subi la *minima capitis deminutio* n'en succédait pas moins à sa mère, celui qui avait subi la *maxima* ou la *media*, ne pouvait lui succéder quoique redevenu citoyen Romain au moment de l'ouverture de l'hérédité (Dig., *De senat. test.*, L. 1, §§ 4, 8).

(7) Inst. Just., I, 16, § 1. — Ulp., *Regl.*, XI, § 11.

tantes au point de vue du droit public ; — 2° Dans le cercle du droit privé, elle produisait tous les effets de la *media capitis deminutio*, mais elle attaquait encore plus profondément les droits naturels. — En outre, elle affectait la capacité générale du *capite minutus*, puisqu'il n'était plus une personne libre. — 3° Le préteur respectait les effets de la *maxima capitis deminutio*. — 4° Justinien a fait de même.

DEUXIÈME PARTIE

DES CHOSES

(OU MIEUX DROIT DU PATRIMOINE)

(Inst. Just., Lv. II, liv. III, liv. IV, tit. 1 à 5.)

————

INTRODUCTION SPÉCIALE

I. Justinien annonce qu'il va traiter des *choses* (1). — N'est-il pas plus exact de dire qu'il va traiter des *droits de patrimoine* ?

II. Définition des droits de patrimoine : — On nomme ainsi les droits qui comptent dans la fortune des personnes, et qui ont par conséquent une valeur appréciable en argent.

III. Division de ces droits en *réels* et *personnels :* — 1° A quel caractère peut-on distinguer un droit réel d'un droit personnel ? — Parmi les divers *criteria* qui ont été proposés, le meilleur est celui-ci : Tout droit a un côté *actif* et un côté *passif;* lorsqu'en considérant un droit du côté *passif,* on reconnaît qu'il s'attache directement à une *chose,* le droit est *réel;* s'il s'attache, au contraire, directement à une *personne,* le droit est *personnel.* — 2° Dans un autre sens, cette dernière expression désigne aussi un droit *incessible* ou *intransmissible.* — 3° Quelle est la valeur des expressions : *Jura in re, jura ad rem ?* — Quel est le sens des mots : *Obligation, créance, dette ?* — 4° Les droits réels et les droits personnels diffèrent entre eux : — Quant à leurs modes d'acquisition, — quant à leurs modes d'extinction, — quant à leurs effets : Le droit réel est en effet, avec *suite* et *préférence,* le droit per-

(1) Inst. Just., II, 1, pr.

sonnel est sans *suite* et sans *préférence ;* d'où la supériorité du premier sur le second. — 5° Cette distinction, puisée dans la nature des choses, est capitale, et se trouve par conséquent au fond de toutes les législations.

IV. Théorie élémentaire de la *possession :* — 1° On nomme *possessio* le fait qui consiste à avoir une chose à sa disposition (*rem tenere*), joint à l'intention de se comporter à l'égard de cette chose en maître (*animus sibi habendi*). — Le voleur est donc le plus énergique de tous les possesseurs. — 2° Entre la possession et la propriété, il n'y a rien de commun (1). — 3° La possession s'acquiert *animo* et *corpore* (2). — 4° Elle se perd dès que l'*animus* ou le *corpus* fait défaut ; cependant les jurisconsultes Romains avaient fini par admettre que, dans certains cas, la possession pouvait être conservée *animo solo* (3). — 5° En soi, la possession est plutôt *res facti* que *res juris* (4) ; cependant le préteur l'avait élevée à la hauteur d'un droit qu'il garantissait par des *interdicta* (5). — Pourquoi? — 6° Le droit de possession doit-il être rangé parmi les droits réels ou les droits personnels, ou constitue-t-il un droit *sui generis ?* — 7° Outre la possession proprement dite, les Romains distinguaient la *naturalis possessio* (détention) et la *civilis possessio*. — Ces expressions sont d'ailleurs employées par les jurisconsultes Romains en différents sens.

V. Justinien traite des droits de patrimoine dans l'ordre suivant : — 1° Théorie des droits réels (Liv. II, tit. 1 à 10). — 2° Théorie des manières d'acquérir *per universitatem* (Liv. II, tit. 10 à 25. — Liv. III, tit. 1 à 12). — 3° Théorie des droits personnels (Liv. III, tit. 13 à 29. — Liv. IV, tit. 1 à 5). — On comprend qu'il ait mis à part la théorie des manières d'acquérir *per universitatem*, mais il eût dû en renvoyer l'exposé après la théorie des droits personnels. — Nous suivrons sa méthode, quelque défectueuse qu'elle soit, en renvoyant seulement à la seconde partie du cours le traité des donations et de la dot (Liv. II, tit. 7) qui ne peut être bien compris qu'à cette place.

---

(1) Dig., *De adq. vel amitt. posses.*, L. 12, § 1.

(2) Paul, *Sent.*, V, 2, § 1. — Dig., *De adquir. vel amitt. poss.*, L. 3, § 1.

(3) Dig., *De adquir. vel amitt. poss.*,

L. 3, §§ 11, 13 ; L. 13 ; L. 47. — Paul, *Sent.*, V, 2, § 1.

(4) Dig., *De adq. vel amitt. possess.*, L. 1, § 3.

(5) Inst. Just., IV, 15, § 2 et suiv.

LIVRE PREMIER

THÉORIE DES DROITS RÉELS

(Inst. de Just., liv. II, tit. 1 à 10.)

TITRE PREMIER

GÉNÉRALITÉS

I. Définition des droits réels : — On nomme ainsi les droits qui, du côté passif, aboutissent directement à une chose.

II. Division des droits réels : — 1º Les droits réels sont *principaux* ou *accessoires*. — 2º Les droits réels principaux se sous-divisent en droits de propriété, droits de *servitude*. — 3º Les servitudes se sous-divisent en *servitudes personnelles, servitudes réelles*.

TITRE DEUXIÈME

DES DROITS RÉELS PRINCIPAUX

CHAPITRE Iᵉʳ

DE LA PROPRIÉTÉ

(Inst. de Just., liv. II, tit. 1. tit. 2, tit. 6.)

I

DÉFINITION ET DIVISION DE LA PROPRIÉTÉ.

I. Définition de la propriété. — 1º Les Romains ont successivement rendu l'idée de propriété par les mots : *mancipium, dominium, proprietas.* —

2º La propriété peut être définie : *Jus utendi, fruendi et abutendi re sua quatenus juris ratio patitur.* — La propriété est donc un *vinculum juris* qui unit la personne du propriétaire à la chose objet du droit de propriété. — Elle s'analyse en trois droits subsidiaires : le droit de tirer de la chose des services répétés (*uti*), celui d'en recueillir les fruits (*frui*), celui d'en disposer (*abuti*). — Ce n'est d'ailleurs pas un droit absolu, car il comporte des restrictions exigées par l'intérêt général (1) ; il n'est donc pas exact de dire que la propriété soit *plena in re potestas.*

II. Division de la propriété. — 1º Propriété civile (*Dominium ex jure quiritium*), propriété prétorienne (*in bonis*). — Cette division, inconnue à l'époque de la loi des XII Tables, est due au droit prétorien (2). — Toutes les fois qu'une personne avait une chose *in bonis* (domaine utile), une autre personne avait sur cette chose *nudum jus quiritium* (domaine éminent). — La propriété des fonds provinciaux était divisée d'une manière analogue entre César ou le Sénat d'une part, et les simples particuliers d'une autre part (3). — Comment peut-on expliquer cette division du sol provincial ? — Les renseignements précis manquent sur la nature de cette propriété, mais on peut, sans grande chance d'erreur, l'assimiler à l'*in bonis* du Préteur. — Justinien a supprimé toutes ces distinctions (4) ; il n'a plus reconnu qu'une seule espèce de propriété qui se rapproche de l'*in bonis*. — 2º Copropriété (*communio*) : — C'est la propriété indivise entre plusieurs maîtres (*plures domini*). — 3º Propriété pleine, propriété démembrée : — Si le propriétaire a conservé tous les éléments de la propriété, sa propriété est pleine, mais si un tiers est devenu le maître de l'un ou de plusieurs de ces éléments, la propriété est démembrée. — L'élément essentiel de la propriété est le *jus abutendi*, que l'on ne peut abdiquer complètement sans cesser d'être propriétaire.

II

DES CHOSES.

SECTION Iʳᵉ. — Définition des choses.

1º Définition du mot *res* (chose) : — On désigne par ce mot tout ce qui

---

(1) Inst. Just., I, 8, § 2. — Dig., *De pign. act.*, L. 43, § 1. — Dig., *Finium regund.*, L. 13.

(2) Gaii *Comm.*, II, § 40.

(3) Gaii, *Comm.*, §§ 7, 21.

(4) Instit. Just., II, 1, § 40. — Cod. Just., *De nudo jure quir. toll.*

existe, à l'exception des personnes libres. — 2º du mot *pecunia* (1). — Ce mot ne comprend que les choses qui peuvent faire partie de notre patrimoine. — 3º du mot *bona* (2), — 4º du mot *familia* (3), — 5º du mot *patrimonium*. — Ces trois derniers mots désignent une *universitas juris*.

SECTION II. — Division des choses.

§ 1ᵉʳ. — Choses dans notre patrimoine, choses hors de notre patrimoine (4).

I. Choses hors de notre patrimoine, c'est-à-dire qui ne peuvent être dans notre patrimoine (*res nullius*) : — 1º *Res nullius humani juris :* — Cette expression, employée par Gaius (5), est implicitement conservée par Justinien (6). — *a*) Choses *communes* (7), *b*) Choses *publiques* (8), — contradiction que présente le texte des Institutes relativement aux rivages de la mer (9), — *c*) Choses à l'usage commun des membres d'une corporation (10). — 2º *Res nullius divini juris* (11) : — *a*) Choses *sacrées*, — sens de cette expression à l'époque païenne (12), — à l'époque chrétienne (13) ; — *b*) Choses *religieuses*, — même distinction (14) ; — *c*) Choses *sanctionnées*, — même distinction (15).

II. Choses dans notre patrimoine, c'est-à-dire qui peuvent être dans notre patrimoine. — 1º Choses qui, en fait, n'appartiennent à personne. — Second sens du mot *res nullius* (16). — 2º Choses qui appartiennent au peuple romain ou à César (17). — Choses qui appartiennent aux corporations. — 4º Choses qui appartiennent à des particuliers.

III. Quel est l'intérêt de cette division des choses ? — 1º Le droit de

---

(1) Dig., *De verb. signif.*, L. 5, pr.
(2) *Ibid.*, L. 208.
(3) *Ibid.*, L. 195, § 1.
(4) Instit. Just., II, 1, pr.
(5) Gaii *Comm.*, II, § 2.
(6) Instit. Just., II, 1, § 7.
(7) *Ibid.*, II, 1, §§ 1, 3,
(8) *Ibid.*, §§ 2, 4, 5.
(9) *Ibid.*, §§ 1, 5. — Dig., *Ne quid in loc. publ.*, L. 3. — Dig., *De div. rer.*, L. 2.
(10) Instit. Just., II, 1, § 6.
(11) *Ibid.*, § 7.
(12) Gaii *Comm.*, II, §§ 4, 5.

(13) Instit. Just., II, 1, § 8. — Cod. Just., *De sacr. eccles.*, L. 21. — Nov. 120, C. 1.
(14) Gaii *Comm.*, II, §§ 6, 7. — Inst. Just., II, 1, § 9. — Dig., *De sepulcr. violato*, L. 4. — Dig., *De relig.*, L. 42. — Dig., *De div. rer.*, L. 6, § 5 : L. 7.
(15) Gaii *Comm.*, II, § 8. — Inst. Just., II, 1, § 10.
(16) Inst. Just., II, 1, § 12.
(17) Dig., *De adq. rer. dom.*, L. 14, pr. — *Ne qui in loc. publico*, L. 2, § 4.

propriété ne peut s'appliquer aux choses qui sont hors de notre patrimoine.
— Conséquences (1). — 2º Il faut cependant remarquer que l'on peut fréquemment acquérir des fragments des choses qui sont hors du patrimoine lorsqu'ils sont détachés du tout (2).

IV. Cette division se confond-elle absolument avec celle des *res extra commercium* ou *in commercio* ?

§ 2. — Choses *mancipi*, choses *nec mancipi*.

1º Les jurisconsultes romains énuméraient les choses *mancipi* (*prædia in Italico solo, jura prædiorum rusticorum in Italico solo, servi, quadrupedes quæ collo dorsove domantur, id est boves, muli, equi, asini*) : toutes les autres choses étaient *nec mancipi* (3). — 2º Cette division des choses qui existait sous la loi des XII Tables (4) n'a été entièrement abolie que par Justinien (5). — 3º Quelle est son origine ? Exposé des principales hypothèses qui existent à cet égard. — 4º Les *fonds provinciaux* constituaient une classe à part de *res nec mancipi* (6) : En effet, tandis qu'un simple particulier pouvait avoir le *dominium ex jure quiritium* d'une *res nec mancipi* comme d'une *res mancipi*, cela n'était pas possible à l'égard des fonds provinciaux. — 5º Quel était l'intérêt de la division des choses en *mancipi* et *nec* (7) ?

§ 3. — Choses mobilières, choses immobilières.

1º On appelle choses mobilières celles qui sont susceptibles de déplacement, et choses immobilières celles qui ne sont pas susceptibles de déplacement. — 2º Expressions employées par les jurisconsultes romains à cet égard (8). — 3º Intérêt de la division (9).

§ 4. — Choses qui se consomment par le premier usage, choses qui ne se consomment pas par le premier usage (10).

1º Les premières sont celles dont on ne peut faire usage sans les détruire, les secondes sont celles dont on peut faire un usage répété. — Au

(1) Dig., *D usurp.*, L. 9.
(2) *Ibid.*, *De adq. rer. dom.*, L. 14.
(3) Ulp., *Regl.*, XIX, § 1. — Gaii *Comm.*, II, § 15 à 17.
(4) Gaii *Comm.*, II, § 47.
(5) Cod. Just., *De usucap. transf.*
(6) Gaii *Comm.*, II, § 21.
(7) Ulp., *Regl.*, XI, § 27. — Gaii *Comm.*, II, § 18 et suiv.

(8) Dig., *De verb. signif.*, L. 93, 211.
(9) Inst. Just., II, 3. — *Ibid.*, 6 pr., § 7. — *Ibid.*, 8 pr. — *Ibid.*, IV, 15, § 4.
(10) Inst. Just., II, 4, § 2. — Ulp., *Regl.*, XXV, § 27. — Dig., *Commod.*, L. 3, § 6.

fond, cela revient à dire qu'il y a des choses pour lesquelles le droit de propriété se réduit au *jus abutendi*. — 2º Expressions employées à cet égard par les jurisconsultes romains. — 3º Intérêt de la division.

§ 5. — Choses fongibles, choses non fongibles (1).

1º Les choses sont fongibles lorsqu'elles sont seulement désignées par je genre auquel elles appartiennent; elles ne sont pas fongibles lorsqu'elles sont considérées dans leur individualité. — En d'autres termes, les choses peuvent être considérées comme *quantités* ou comme *corps certains*. — 2º Cette division ne se confond donc nullement avec la précédente, la première est fondée sur la nature même des choses, la seconde dépend uniquement du point de vue auquel on se place. — 3º Expressions employées par les jurisconsultes romains à cet égard (*res quæ numero, mensura, pondereve constant*). — 4º Intérêt de la division.

§ 6. — Choses corporelles, choses incorporelles (2).

1º Les choses corporelles sont celles qui tombent sous les sens extérieurs ; les choses incorporelles sont celles qui ne tombent pas sous les sens extérieurs (*in jure consistunt*). — 2º Cette division, telle qu'elle est exposée par les jurisconsultes romains, est inexacte : leur erreur a consisté d'une part à laisser dans l'ombre le droit de propriété qu'ils confondaient avec son objet, et d'une autre part à considérer les *droits* autres que le droit de propriété comme étant des *choses*. — 3º Comment peut-on expliquer cette erreur? — 4º Elle a eu des conséquences fâcheuses, soit au point de vue théorique, soit au point de vue pratique : — Elle est la cause de la mauvaise classification des Institutes. — Elle a conduit aux résultats les plus bizarres dans la théorie de la *possession* et par voie de conséquences dans la théorie de l'acquisition des servitudes. — Introduite probablement par la loi *Scribonia* (3), ses résultats ont été atténués par le droit Prétorien. — 5º La division exposée peut être maintenue en se plaçant à un point de vue autre que celui des jurisconsultes romains, c'est-à-dire en n'appelant choses incorporelles que les *objets* des droits qui n'ont point d'existence physique, comme une hérédité.

---

(1) Dig., *De reb. cred.*, L. 2, § 1. — *Ibid., De verb. oblig.*, L. 54, pr. — Inst. Just., III, 14, pr.

(2) Inst. Just., II, 2.
(3) Dig., *De usurp.*, L. 4, § 29.

III

DE L'ACQUISITION DE LA PROPRIÉTÉ.

I. — GÉNÉRALITÉS

I. Division des modes d'acquisition (*modi adquirendi*) : — 1° Modes du *droit naturel*, modes du *droit civil* (1). — 2° Modes à *titre onéreux*, modes à *titre gratuit*. — Est-ce réellement une division des modes d'acquérir ? — 3° Modes *particuliers*, modes *universels* (2). — 4° Modes qui supposent ou non un accord de volontés. — 5° Mode *originaire*, modes *dérivés*. — 6° Quels sont les intérêts pratiques qui s'attachaient à ces divisions ?

II. Justinien traite d'abord du mode originaire, puis des modes dérivés particuliers; nous savons qu'il a classé à part la théorie des modes dérivés universels (3).

II. — DU MODE ORIGINAIRE D'ACQUISITION DE LA PROPRIÉTÉ OU DE L'OCCUPATION

A. — THÉORIE DE L'OCCUPATION PROPREMENT DITE

I. Généralités : — 1° L'occupation est la prise de possession *(corpus, animus)* d'une chose *nullius* susceptible de propriété privée. — 2° Elle fait naître le droit de propriété. — Mais créait-elle le *dominium ex jure quiritium* ? — 3° Le retour de la chose occupée à son état naturel entraîne-t-il la perte de la propriété de cette chose? — Distinction entre le cas où la chose occupée a été modifiée par le travail de l'homme et le cas contraire. — Théorie du *postliminium* (4). — De là il résulte que, si l'occupation fait naître le droit de propriété, le travail seul la conserve.

II. Application de ces principes faite par Justinien à l'acquisition : —

(1) Inst. Just., II, I, § 11.
(2) Dig., *De verb. signif.*, L. 39, 1. — Dig., *De adq. rer. dom.*, L. 62. — Dig., *De usurp.*, L. 30, pr.
(3) Inst. Just., II, 9, § 6.
(4) Dig., *De div. rer.*, L. 6, pr.

1º Des animaux sauvages. — *Animalia fera* (1), *mansuefacta* (2), *domestica* (3). — 2º Des coquillages, perles et autres choses qui se trouvent naturellement sur les rivages de la mer (4). — 3º Des îles qui croissent dans la mer (5) et des portions du rivage de la mer (6). — 4º Des choses abandonnées par leur propriétaire (7). — 5º Des choses prises sur l'ennemi (8). — 6º Du trésor (9). — Définition du trésor. — A qui appartenait le trésor lorsque l'inventeur l'avait trouvé sur le fonds dont il était propriétaire? Sur le fonds d'autrui? Sur le fonds qui était *in patrimonio Cæsaris vel civitatis?* Sur un terrain sacré ou religieux? Sur un fonds public, *universitatis*, ou dans un lieu sanctionné? — Quel était le *modus adquirendi* du trésor?

B. — Théorie connue sous le nom de théorie de l'accession

SECTION Iʳᵉ. — Généralités.

I. Le fait général qui donne naissance à la théorie que nous allons exposer est celui-ci : On suppose que deux (ou plusieurs) choses appartenant à des propriétaires différents aient été rapprochées d'une manière plus ou moins intime sans le consentement des deux propriétaires. — En présence de ce fait, on se demande si le rapprochement a entraîné une acquisition de propriété?

II. Les commentateurs du droit romain ont émis sur ce point divers systèmes : — Système qui consiste à nier qu'il y ait une acquisition de propriété. — Système de l'*accession*, qui prétend trouver ici un mode *sui generis*, d'acquisition de la propriété. — Système qui, dans les cas où il reconnaît qu'une acquisition s'est produite, prétend que le *modus adquirendi* est la loi. — Système qui consiste à voir dans le fait de l'accession, lorsqu'il est indélébile, une espèce particulière d'occupation, opérée en vertu du principe : *Res extinctæ vindicari non possunt.*

III. Du reste, il faut en général distinguer en cette matière deux questions : — 1º Celle de l'acquisition de la propriété. — 2º Celle de l'in-

(1) Inst. Just., II, 1, §§ 12, 13.
(2) *Ibid.*, §§ 14, 15.
(3) *Ibid.*, § 16.
(4) *Ibid.*, § 18.
(5) *Ibid.*, § 22.
(6) Dig., *De div. rer.*, L. 6, pr. — Dig., *De adq. rer. dom.*, L. 14, § 1.

(7) Inst. Just., II, 1, §§ 47, 48. — Dig., *Pro derelict.*, L. 2, § 1.
(8) Inst. Just., II, 1, § 17. — Dig., *De adq. poss.*, L. 1, § 1.
(9) *Ibid.*, § 39. — Dig., *De adquir. rer. dom.*, L. 3, § 1. — Dig., *De jure fisci*, L. 3, § 10. — Cod. Just., *De Thesaur.*

demnité qui peut être due au propriétaire qui perd son droit de propriété.

IV. Notions élémentaires sur les principales divisions des actions et sur l'exception de dol : — 1º Actions *in rem*, actions *in personam*. — Insister principalement sur la *reivendicatio*, l'action *ad exhibendum*, l'action *communi dividundo*, la *condictio*. — Les actions *in rem* étaient *arbitraires*. — 2º Actions *rei persequendæ*, *pœnæ persequendæ*. — Insister particulièrement sur l'*action furti*, et sur la *condictio furtiva*. — Règle relative au cumul des actions. — 3º Actions *fictitiæ*, actions *non fictitiæ*. — 4º Actions *in jus*, actions *in factum*. — 5º Actions *directes*, actions *utiles*. — 6º De l'exception *doli mali*.

SECTION II. — Rapprochement de deux immeubles.

1º De l'alluvion (1) : — *a*) Quelle est l'hypothèse examinée? — *b*) A qui appartenait l'alluvion? — Distinction du cas où les champs riverains étaient des *agri limitati*, et du cas où ils étaient des *arcifinii* (2). — *c*) L'alluvion constituait-elle une acquisition nouvelle pour le propriétaire riverain? En cas d'affirmative, quel était le *modus adquirendi*? — 2º De la partie reconnaissable d'un champ entraînée par le fleuve (3). — Mêmes questions. — 3º Des îles qui naissent dans les fleuves (4). — Mêmes questions. — On distinguait les îles formées par exhaussement du sol ou abaissement de l'eau. — Les îles formées par un nouveau bras que le fleuve s'est creusé. — Les îles flottantes. — La question de savoir s'il y avait ou non une acquisition de propriété dans les deux premiers cas, ou au contraire extinction d'une servitude d'utilité publique, dépend de la solution de cette autre question : le lit du fleuve était-il *nullius* ou appartenait-il aux riverains? Or elle était, suivant nous, controversée par les Romains eux-mêmes (5). — 4º Du lit abandonné par le fleuve (6). — Mêmes questions. — 5º Du nouveau lit lorsque le fleuve retourne à son ancien cours (7). — Mêmes questions. — 6º De l'inondation (8). — Elle n'entraînait certainement aucune mutation de propriété. — 7º De la couche de terre qui glisse sur un fonds inférieur (9).

(1) Inst. Just., II 1, § 20.
(2) Dig., *De adq. rer. dom.*, L. 16.
(3) Inst. Just., II, 1, § 21. — Dig., *De adq. rer. dom.*, L. 7, § 2.
(4) Inst. Just., II, 1, § 22.
(5) Dig., *De adq. rer. dom.*, L. 30, §§ 1, 2. — Ibid., L. 56, pr. — Ibid., L. 65, §§ 2, 3. — Dig., *De flum.*, L. 1, § 6.

(6) Inst. Just., II, 1, § 23. — Dig., *De adq. rer. dom.*, L. 30, § 1. — Ibid., L. 56, § 1. — Dig., *De flum.*, L. 1, § 7.
(7) inst. Just., II, 1, § 23. — Dig., *De adq. rer. dom.*, L. 30, § 3. — Ibid., L. 7, § 5.
(8) Inst. Just., II, 1, § 24.
(9) Dig., *Damm. infect.*, L. 9, § 2.

SECTION III. — Rapprochement de deux meubles.

§ 1ᵉʳ. — De la mixtion.

I. On nomme mixtion l'union moléculaire plus ou moins intime de deux choses. — Exemples.

II. Du cas où l'on ne pouvait isoler les deux choses, ou de la *confusion* (1) : — 1º Quelle est l'hypothèse dans laquelle la confusion offrait de l'intérêt ? — 2º Dans cette hypothèse, y avait-il une acquisition de propriété, et, en cas d'affirmative, quel était le *modus adquirendi* ? — 3º Quelles étaient les actions que le copropriétaire Primus pouvait avoir contre le copropriétaire Secundus, auteur de la confusion (2)? — *a*) Secundus était de bonne foi. — Distinguer entre le cas où Secundus reconnaissait le droit de copropriété de Primus et le cas où il le niait. — *b*) Secundus était de mauvaise foi, auquel cas, sauf dans de rares hypothèses, il était considéré comme ayant volé la matière de Primus.

III. Du cas où l'on pouvait isoler les deux choses, ou du *mélange*. — 1º Mêmes questions (3). — 2º La solution donnée par Justinien pour le cas de mélange du blé (4) constitue une exception aux principes.

§ 2. — De la spécification (5).

I. On nomme spécification la transformation de la matière par le travail. — Son résultat est la création d'une chose nouvelle. — Exemples (6).

II. Du cas où le spécificateur avait opéré exclusivement sur la matière d'autrui. — 1º A qui appartenait la *species*? — Théorie des Sabiniens. — Théorie des Proculiens. — *Media sententia.* — 2º Quelle était la base de chaque théorie ? — Opinion d'après laquelle les jurisconsultes romains auraient discuté une question d'*accession*. — Opinion d'après laquelle ils auraient discuté la question de savoir si la *puissance de création* est une manière d'acquérir la propriété. — Opinion d'après laquelle ils auraient discuté une question d'*occupation* (7). — 3º Quelles étaient les actions que le propriétaire de la matière pouvait avoir contre le spécificateur (8)? — *a*)

(1) Inst. Just., II, 1, § 27.
(2) Dig., *De reiv.*, L. 3, § 2 ; L. 4. — Dig., *De cond. furt.*, L. 7, § 1.
(3) Dig., *De reiv.*, L. 5, § 1. — Dig., *De adq. rer. dom.*, L. 19, § 1.
(4) Inst. Just., II, 1, § 28.

(5) *Ibid.*, § 27.
(6) Dig., *De adq. rer. dom.*, L. 7, § 7.
(7) *Ibid.*, L. 7, § 7; L. 24, 26. — Gaii *Comm.*, II, § 70.
(8) Gaii *Comm.*, II, § 79.

Dans le cas où le spécificateur était déclaré propriétaire de la *species?* — S'il était de bonne foi, — de mauvaise foi. — *b*) Dans le cas où le maître de la matière était déclaré propriétaire de la *species?* — Mêmes distinctions.

III. Du cas où le spécificateur avait employé en partie sa matière : — A qui appartenait la *species?* — *a*) D'après la théorie des Sabiniens. — *b*) D'après la théorie des Proculiens. — Comment les Proculiens distinguaient-ils notre cas de spécification de cas du mixtion (1)? — *c*) D'après la *media sententia?*

§ 3. — De l'adjonction (2).

I. On nomme adjonction la réunion de deux choses faite de telle façon que l'individualité de chacune d'elles persiste. — Exemples (3).

II. Du cas où l'adhérence n'était pas telle que l'on ne pût séparer les deux choses : — 1° Le propriétaire de la chose principale devenait-il propriétaire de la chose accessoire? — *a*) Examen du cas où l'adhérence existait encore. — *b*) Examen du cas où elle n'existait plus. — Le propriétaire de la chose accessoire pouvait faire opérer la séparation (4). — 2° Quelles étaient les actions que le propriétaire de la chose accessoire pouvait intenter contre le propriétaire de la chose principale? — Si ce dernier était de bonne foi, — de mauvaise foi (5). — Comment la fin du § 26 peut-elle être expliquée en présence des principes ci-dessus (6)?

III. Du cas où l'adhérence était telle que la séparation était impossible : — 1° Les textes citent à cet égard les hypothèses de la *ferruminatio* (7), de l'*écriture* (8), du *tableau* (9). — 2° Le propriétaire de la chose principale devenait-il alors propriétaire de la chose accessoire? — 3° Quelles étaient les actions qui pouvaient exister entre les parties? — *a*) Au cas de la *ferruminatio*. — *b*) Au cas de l'écriture. — *c*) Au cas du tableau, soit que l'ancien propriétaire de la planche possède le tableau, soit que le peintre possède le tableau, en distinguant toujours le cas où le peintre était de bonne foi, et celui où il était de mauvaise foi.

(1) Inst. Just., II, 1, § 27. — Dig., *De reiv.*, L. 3, § 2. — *Ibid.*, L. 5, § 1.
(2) Inst. Just., II, 1, § 26.
(3) Dig., *Ad exhibend.*, L. 7, §§ 1, 2.
(4) Dig., *De reiv.*, L. 23, §§ 2, 4, 5. — Dig., *Ad exhibend.*, L. 6, 7, §§ 1, 2.

(5) *Ibid.*
(6) Gaii *Comm.*, II, § 79.
(7) Dig., *De reiv.*, L. 23, § 5.
(8) Inst. Just., II, 1, § 33.
(9) *Ibid.*, § 34. — Dig., *De reiv.*, L. 23, § 3. — Gaii *Comm.*, II, § 78.

SECTION IV. — Rapprochement d'un meuble et d'un immeuble.

§ 1ᵉʳ. — Des constructions.

I. *Du cas où c'était le propriétaire du sol qui avait construit avec les matériaux d'autrui* (1) : — 1° Le propriétaire du sol devenait-il propriétaire des matériaux ? — *a*) Examen du cas où l'adhérence existait encore — *ædificium solo cædit*. — *b*) Examen du cas où l'adhérence n'existait plus. — Par exception aux principes généraux, la loi des XII Tables empêchait le propriétaire des matériaux de faire opérer la séparation. — 2° Quelles étaient les actions que le propriétaire des matériaux pouvait intenter contre le propriétaire du sol? — *a*) Avant la démolition : — Si le constructeur était de bonne foi, sous-distinguer entre le cas où les matériaux avaient été volés (action *de tigno juncto* au double) et le cas où ils n'avaient pas été volés; cette distinction a-t-elle été maintenue par Justinien? — Si le constructeur était de mauvaise foi. — *b*) Après la démolition.

II. *Du cas où c'était le propriétaire des matériaux qui avait construit sur le sol d'autrui* (2) : — A. Le constructeur était de bonne foi au moment de la construction : — 1° Le propriétaire du sol devenait-il propriétaire des matériaux? — Examen du cas où l'adhérence existait encore. — Examen du cas où l'adhérence n'existait plus. — 2° Quelles étaient les actions qui pouvaient exister entre les parties? — *a*) C'était le constructeur qui possédait? — Il pouvait opposer *l'exception de dol* à la revendication intentée contre lui (droit de *rétention*). — Quel était l'effet de cette exception? — Pour liquider l'indemnité due au constructeur, l'arbitre devait distinguer entre les impenses *nécessaires, utiles, voluptuaires* (3). — Il pouvait aussi prendre en considération certaines circonstances d'équité (4). — *b*) C'était le propriétaire du sol qui possédait? — Avant la démolition, le constructeur pouvait-il intenter une action contre le propriétaire du sol? Les jurisconsultes romains n'étaient pas d'accord sur cette question (5). Ce qui est certain, c'est que le constructeur pouvait, à l'aide des interdits possessoires, conserver sa possession de façon à opposer l'exception de dol. — Après la démolition, il pouvait revendiquer. — B. Le constructeur était de mauvaise foi au moment de la construction : 1° Dans l'ancien droit on supposait que le possesseur avait voulu faire

(1) Inst. Just., II,1, § 29. — Dig., *De tigno juncto*, L. 1; L. 2.

(2) Inst. Just., II, § 30.

(3) Ulp., *Regl.*, VI, §§ 14 et suiv.

(4) Dig., *De reiv.*, L. 28.

(5) Dig., *De neg. gest.*, L. 49. — Dig. *De hered. petit.*, L. 50, § 1. — Dig., *De reiv.*, L. 48. — Dig., *De except. dol. mal.*, L. 14. — *De cond. indeb.*, L.,33.

donation des matériaux au propriétaire du sol (1). — Conséquences. — 2º Mais cette doctrine, quoique reproduite par Justinien, avait été modifiée dans un sens plus favorable au possesseur (2).

§ 2. — Des plantations (3).

I. Du cas où la séparation de la plante était possible; en d'autres termes, la plante n'avait pas encore pris racine (4) : — 1º Examen du cas où l'adhérence existait encore. — 2º Examen du cas où l'adhérence n'existait plus. — Le propriétaire de la plante pouvait opérer la séparation.

II Du cas où la séparation était impossible; en d'autres termes, la plante avait pris racine : — 1º C'était le propriétaire du sol qui avait planté sur son terrain la plante d'autrui (5). — 2º C'était le propriétaire de la plante qui l'avait plantée sur le terrain d'autrui. — Distinctions analogues à celles faites pour le cas des constructions (6). — 3º C'était par l'effet d'une force naturelle que la plante avait pris racine dans le terrain d'autrui (7). — *Quid* si elle n'avait poussé qu'une partie de ses racines sur le terrain d'autrui ?

§ 3. — Des semailles (8).

1º En principe, il faut appliquer aux semailles tous les principes qui régissent les plantations. — 2º Cependant, pour que le propriétaire du sol devint propriétaire des semences, fallait-il qu'elles eussent pris racine (9) ?

C. — THÉORIE DE L'ACQUISITION DES FRUITS

SECTION Iʳᵉ. — Généralités.

1º On appelle *fruits* tout ce qu'une chose est destinée à produire et à reproduire périodiquement. — Conséquence : Le part d'une femme esclave n'était point un fruit (10). — 2º Division des fruits en *naturels, industriels* et *civils*. — Renvoi quant aux fruits civils. — 3º Tant que les fruits sont adhé-

---

(1) Dig., *De adq. rer. dom.*, L. 7, § 12.

(2) Cod. Just., *De reiv.*, L. 2, L. 5. — Dig., *De neg. gest.*, L. 6, § 3. — *Ibid.*, *Loc. cond.*, L. 55, § 1.

(3) Inst. Just., II, 1, § 31.

(4) Dig., *De reiv.*, L. 5. § 3.

(5) Dig., *De adq. rer. dom.*, L. 26. § 2.

(6) Cod. Just., *De reiv.*, L. 11.

(7) Dig., *Arb. furt. cæs.*, L. 6, § 2. — Dig., *Comm. divid.*, L. 19. — Dig., *Pro socio*, L. 83.

(8) Inst. Just., II, 1, § 32.

(9) Code Just. *De reiv.*, L. 11. — Dig., *De adq. rer. dom.*, L. 9, pr.

(10) Inst. Just., II, 1, § 37. — Dig., *De her. petit.*, L. 27.

rents à la chose qui les produit, ils n'ont point une existence distincte de
celle de cette chose, (1). — 4° Parmi les personnes qui ont droit aux fruits
d'une chose, les unes les acquéraient dès qu'il y avait eu *séparation*, pour les
autres le fait de la *perception* était nécessaire.

SECTION II. — Quelles sont les personnes qui pouvaient avoir droit aux fruits d'une chose ?

§ 1er. — Du propriétaire (2).

1° Quel était le propriétaire qui avait droit aux fruits (3) ? — 2° Le
propriétaire acquérait-il sur les fruits, au moment de la séparation, un droit
nouveau (4) ?

§ 2. — Du possesseur de bonne foi (5).

I. Généralités : — 1° Le possesseur de bonne foi n'avait aucun droit
aux fruits non détachés. — 2° Au moment même de la séparation, il devenait propriétaire des fruits (6). — Réfutation d'une théorie de M. de
Savigny (7). — Quel était le *modus adquirendi ?* — 3° Désormais, il ne devait
aucun compte des fruits au propriétaire. — Sens exact de la maxime : *Le
possesseur de bonne foi fait les fruits siens.* — Le possesseur devait compenser
la valeur des fruits avec la créance qu'il pouvait avoir contre le propriétaire à
raison d'impenses (8). — Pourquoi le possesseur de bonne foi faisait-il les
fruits siens ?

II. Quand le possesseur était-il de bonne foi ? — 1° De la *justa causa.*
— 2° De la *bona fides.* — 3° A quel moment devait exister la *bona fides* (9) ?

III. Quels étaient les fruits que le possesseur faisait siens ? — 1° Fallait-il distinguer entre les fruits *naturels* et *industriels* (10) ? — 2° Entre les
fruits séparés *avant* et les fruits séparés *après* la *litis contestatio* (11) ? —
3° Entre les fruits *consommés* et les fruits *non consommés* (12) ? — 4° Entre les

(1) Dig., *De reiv.*, L. 44.
(2) Inst. Just.,II, 1,§ 19.
(3) Gaii *Comm.*, II, § 88. — Dig.,
De adq. rer dom., L. 66.
(4) Dig., *De insp. ventr.*, L. 1, § 1.
— Dig., *De usuris*, L. 28. — Dig., *De
verb. signif.*, L. 26. — Paul, *Sent.*,II,
5, § 2.
(5) Inst. Just., II, 1, § 35.

(6) Dig., *De adq. rer. dom.*, L. 48.
(7) Dig., *De usurp.*, L. 4, § 19.
(8) Dig., *De reiv.*, L. 48.
(9) Dig., *De adq. rer dom.*, L. 48,
§ 1. — Dig., *De usuris*, L. 25, § 2.
(10) Dig., *De usuris*, L. 45.
(11) Inst. Just., IV, 17, § 2.
(12) Dig., *De usuris*, L. 25, § 1. —
Cod. Just., *De reiv.*, L. 22.

fruits qui provenaient d'une chose susceptible d'usucapion ou d'une chose qui n'en était pas susceptible (1)?

IV. Les règles précédentes n'étaient-elles pas modifiées lorsque le possesseur possédait à titre d'héritier? — Snc. *Jouventien.* — Maxime : *fructus augent hereditatem* (2).

§ 3. — Des autres personnes qui pouvaient avoir droit aux fruits.

1° L'emphytéote et l'antichrésiste acquéraient les fruits au moment même de la séparation, comme le possesseur de bonne foi (3). — 2° L'usufruitier, l'usager et le fermier ne les acquéraient qu'au moment de la *perception* (4). — Pourquoi? — 3° Quel était le *modus adquirendi* pour toutes ces personnes ?

III. — DES MODES DERIVÉS PARTICULIERS D'ACQUISITION DE LA PROPRIÉTÉ

SECTION Ire. — Généralités.

1° A l'époque classique, on distinguait six modes d'acquisition de cette espèce : *mancipatio, cessio in jure, traditio, usucapio, adjudicatio, lex* (5). — 2° Sens des mots aliéner (*alienare, dare*), acquérir (*adquirere, accipere*) : — On dit, en général, qu'aliéner, c'est *jus suum alienum facere* et qu'acquérir, c'est *jus alienum, suum facere.* — Cependant il est possible, d'une part, qu'une personne aliène sans qu'une autre acquière et réciproquement, et d'une autre part qu'il y ait aliénation et acquisition corrélatives, sans la volonté réciproque du *dans* et de l'*accipiens* (6), car elle n'existe que dans les trois premiers modes. — 3° Du reste, dans ces trois cas, il faut profondément distinguer la *justa causa* du *modus adquirendi*, notamment il était de principe en droit Romain que les contrats ne transféraient pas la propriété (7), ils créaient seulement des obligations. — Cette distinction présentait un intérêt économique notable, puisque la transmission de la propriété était ainsi rendue publique, au moins dans une certaine mesure, mais cette idée n'a pas été celle des Romains.

---

(1) Dig., *De adq. rer. dom.*, L. 48. — Dig., *De usurp.*, L. 10. — Dig., *De furtis*, L. 48, § 5.

(2) Dig., *De her. petit.*, L. 25, § 20.

(3) Dig., *De usuris*, L. 25, § 1.

(4) *Ibid.* — Inst. Just., II, 1, § 36.

(5) Ulp., *Regl.*, XIX, § 2.

(6) Dig., *De verb. signif.*, L. 28.

(7) Cod. Just., *De pactis*, L. 20.

SECTION II. — De la mancipation.

I. Droit civil : — 1° Définition de la mancipation. — Gaius dit que c'était une *imaginaria venditio* (1) ; c'était probablement une loi fictive (2). — 2° La mancipation n'était possible qu'entre citoyens Romains ou ceux auxquels avait été accordé le *jus commercii* (3). — 3° Elle ne s'appliquait qu'aux *res mancipi* (4). — Elle transférait le *dominium ex jure quiritium*. — 5° Quelles étaient les formes de la mancipation (5) ? — Témoins. — *Libripens*. — Paroles prononcées, et gestes accomplis par l'*accipiens*. — Comment peut-on expliquer ces formes ?

II. Droit prétorien : — Le préteur n'avait organisé aucune institution analogue à la mancipation pour la translation de l'*in bonis*.

III. Droit de Justinien : — Cet empereur ayant aboli la distinction des choses en *mancipi et nec*, la mancipation avait disparu.

SECTION III. — De la *cessio in jure*.

I. Droit civil : — 1° Définition de la *cessio in jure*. — C'était un procès fictif qui s'arrêtait *in jure* par suite de l'aveu (*confessio*) du défendeur. — L'action feinte était l'action *sacramenti*. — 2° Quelles en étaient les formes (6) ? C'était l'*accipiens* qui jouait le rôle d'*actor*, le *dans* était *confessus in jure*, *addicebat Pretor*. — 3° Comment les Romains ont-ils été amenés à faire de la *cessio in jure* une manière de transférer la propriété ? — 4° Elle n'était possible qu'entre citoyens Romains. — 5° Elle transférait le *dominium ex jure quiritium*. — 6° Elle s'appliquait soit aux choses *mancipi*, soit aux choses *nec mancipi* (7), mais elle ne pouvait évidemment s'appliquer aux fonds provinciaux.

II. Droit prétorien : — Le préteur n'avait organisé aucune institution analogue à la *cessio in jure* pour la translation de l'*in bonis*.

III. Droit de Justinien : — La *cessio in jure* était tombée en désuétude. — Pourquoi (8) ?

(1) Gaii *Comm.*, I, § 119.
(2) Festus, V° *Nuncupat.* — Aul. Gell., XV, 27, § 3.
(3) Ulp., *Regl.* XIX, §§ 4, 5.
(4) *Ibid.*, § 3.

(5) *Ibid.*, §§ 3, 6. — Gaii *Comm.*, I, §§ 119 à 122.
(6) Ulp., *Regl.*, XIX, §§ 9, 10. — Gaii *Comm.* II, § 24.
(7) Ulp., *Regl.*, XIX, § 9.
8) Gaii *Comm.*, II, § 25.

SECTION IV. — De la tradition.

I. Droit civil : — 1º Définition de la tradition. — En soi, c'était la livraison d'une chose faite par une personne à une autre; mais elle pouvait avoir pour but de transférer la détention (commodat) ou la possesion (gage) ou la propriété (vente). — Considérée à ce dernier point de vue, elle se ramène à l'idée de l'abdication définitive et absolue de la possession (*corpus* et *animus*) au profit d'un tiers qui veut l'acquérir et qui par voie de conséquence devient propriétaire. — 2º Elle s'appliquait exclusivement aux choses *nec mancipi* (1)- — 3º Elle transférait le *dominium ex jure quiritium* de la chose *nec mancipi* (2), (à l'exception des fonds provinciaux), quoique ce, mode appartînt au droit des gens à la différence des deux premiers. — 4º Elle était donc possible même pour les Pérégrins.—Mais leur transférait-elle le *dominium ex jure quiritium?*— 5º Qu'arrivait-il lorsque le propriétaire d'une *res mancipi* en faisait tradition au lieu de la *manciper?* — Ne faut-il pas distinguer à cet égard entre le cas où le *tradens* et l'*accipiens* étaient citoyens romains et le cas où l'un d'eux était Pérégrin (3) ?

II. Droit prétorien — La tradition était le mode normal de translation de l'*in bonis*, et dès lors de la propriété provinciale (4).

III. Droit de Justinien : — 1º Pourquoi la tradition a-t-elle été maintenue par cet empereur? — 2º Les conditions requises pour qu'elle transférât la propriété étaient les suivantes; il fallait : — a) Que la chose pût être acquise par ce moyen. — Les vraies choses incorporelles ne pouvaient évidemment être acquises ainsi, puisqu'elles ne sont pas susceptibles de possession, mais nous savons que le droit civil avait exagéré cette idée. — Réforme quant aux *res mancipi*, — quant aux fonds provinciaux (5). — b) La *justa causa*. — C'est, suivant nous, le fait juridique qui révèle de la part du *tradens* la volonté d'aliéner, de la part de l'*accipiens* la volonté d'acquérir et qui est nécessairement antérieur, ne fût-ce que d'un instant de raison, à la tradition (6). — Or la *justa causa*, ainsi entendue, était-elle un élément essentiel à la validité de la tradition? *Quid* si elle n'était qu'apparente, que l'erreur des deux parties ait porté sur la même *justa*

---

(1) Ulp., *Regl.*, XIX, § 7. — Gaii *Comm.*, II, §§ 18 à 21.
(2) Gaii *Comm.*, II, § 196.
(3) Gaii *Comm.*, II, § 41. — *Fragm. Vatic.*, § 47. — Ulp., *Regl.*, I, § 16.

(4) Gaii *Comm.*, II, § 21.
(5) Inst. Just., II, 1, § 40.
(6) Dig., *De adq. rer. dom.*, L. 37, pr. — Inst. Just., II, 1, § 41.

causa ou sur deux *justæ causæ* différentes (1)? — Règle particulière à la vente (2). — *c*) Le consentement sur la tradition. — Cet élément essentiel était indépendant de la *justa causa*. (3). — *d*) La livraison matérielle. — Comment faut-il entendre cette condition? — Les Romains admettaient-ils des traditions *feintes* (4)? — Constitut possessoire (5). — Tradition de longue main (6). — De brève main (7). — *e*) Que le *tradens* fût propriétaire (8). — *f*) Qu'il fût capable d'aliéner (9). — 3° De certains cas dans lesquels on pouvait hésiter sur le point de savoir s'il y avait tradition ou occupation (10).

SECTION V. — De l'usucapion.

I. Droit civil : — 1° Définition de l'usucapion : — *Usucapio est adjectio dominii per continuationem possessionis, temporis lege definiti* (11). — 2° Elle s'accomplissait par un an pour les meubles, par deux ans pour les immeubles. — 3° Elle n'était possible qu'aux citoyens Romains. — 4° L'usucapion transférait le *dominium ex jure quiritium*.. — 5° Elle s'appliquait soit aux *res mancipi*, soit aux *res nec mancipi*, sauf les fonds provinciaux (12). — 6° Quelles étaient les diverses applications de l'usucapion? — *a*) Rendre *dominus ex jure quiritium* celui qui n'avait que l'*in bonis* (13). — *b*) Rendre propriétaire celui qui avait reçu la chose avec juste titre et bonne foi d'un *non dominus* (14). — *c*) La première application de l'usucapion est fort équitable, comment peut-on justifier la seconde? Elle était essentielle notamment pour dispenser le véritable propriétaire qui revendiquait de faire la preuve en général impossible de son droit. — *d*) Pour quelle application l'usucapion a-t-elle été créée?

II. Droit prétorien. — 1° Parallèlement à l'usucapion, le préteur avait organisé la *præscriptio longi temporis* qui était soumise en principe aux mêmes conditions. — D'où vient le nom donné à cette institution? — 2° Elle

(1) Dig., *De cond. indeb.* — Dig., *De adq. rer. dom.*, L. 38. — *Ibid.*, *De reb. cred.*, L. 18.

(2) Inst. Just., II, 1 § 41.

(3) Dig., *De adq. vel amitt. poss.*, L. 5, L. 33.

(4) Inst. Just., §§ 44, 45.

(5) Dig., *De reiv.*, L. 77. — Cod. Just., *De donat.*, L. 28.

(6) Dig., *De solut.*, L. 79.

(7) Dig., *De jure dot.*, L. 43, § 1.

(8) Dig., *De adq. rer. dom.*, L. 20,

Pr. — Dig., *De reg. jur.*, L. 54. — Inst. Just., II 1, §§ 42, 43. — Dig., *De procur.*, L. 63.

(9) Inst. Just., II, 8.

(10) Inst. Just., II, 1, §§ 46, 47, 48. — Dig., *Pro derel.*, L. 2, § 1.

(11) Ulp., *Regl.*, XIX, § 8. — Dig., *De usurp.*, L. 3.

(12) Ulp., *Regl.*, XIX, § 8.

(13) Gaii *Comm.*, II, §§ 40, 41.

(14) *Ibid.*, § 43.

s'accomplissait par dix ans entre présents, par vingt ans entre absents (1). — 3° Faisait-elle acquérir l'*in bonis?* — 4° Le préteur a créé la *præscriptio longi temporis* en faveur des pérégrins. — Et aussi pour permettre au possesseur de bonne foi de repousser l'action des tiers qui avaient un droit réel sur la chose usucapée. — Transportée dans les provinces, la *præscriptio* s'appliqua aux fonds provinciaux. — 5° L'usucapion et la *præscriptio longi temporis* différaient encore sous d'autres rapports, notamment quant à l'interruption et à la suspension (mineurs de 25 ans, absents, etc. (2).

III. Droit de Justinien : — Pourquoi Justinien a-t-il fondu les principes de l'usucapion et ceux de la *præscriptio longi temporis?* — Quelles ont été les conséquences de cette réforme, soit quant aux mots, soit quant au fond des choses (3) ? — 2° La première application de l'usucapion signalée précédemment avait nécessairement disparu sous Justinien. — 3° Les conditions requises pour que l'usucapion et la possession de longtemps puissent se produire étaient au nombre de cinq : — *a*) La chose devait être susceptible d'être acquise par ce moyen. — En conséquence, on ne pouvait usucaper les choses qui n'étaient pas susceptibles de propriété privée (4), — ni les choses volées ou prises par violence; cette prohibition était évidemment inutile à l'égard du voleur ou du ravisseur; le vice de vol ou de violence pouvait être purgé (5), — ni les choses du fisc (6), — ni le fonds dotal, etc. (7). — *b*) De la bonnefoi : — C'était l'opinion dans laquelle était l'*accipiens* que le *tradens* était propriétaire et capable d'aliéner. — L'erreur de droit pouvait-elle fonder la bonne foi (8) ? — A quel moment devait exister la bonne foi (9) ? — De la preuve. — *c*) De la *justa causa.* — Définition de la *justa causa :* — Même définition qu'en cas de tradition. — De la preuve. — La *justa causa* apparente, en d'autres termes la croyance raisonnable à l'existence d'une juste cause suffisait-elle pour fonder l'usucapion (10) ? — Même en supposant cette question résolue affirmativement, la *bona fides* et la *justa causa*

(1) Paul, *Sent.*, V, 2, § 3.

(2) Cod. Just., *De præscript.*, XXX, vel XL, L. 8, Pr. — Cod. Just., *De præscrip. long. temp.*, L. 10. — Cod. Just., *Quib. non obj. præscr.*, L. 3, L. 4. — Dig., *De div. temp.*, L. 3, L. 12. — Dig., *De usurp.*, L. 44, § 5. — Dig., *De reiv.*, L. 18. — Inst. Just., IV, 6, § 5.

(3) Cod. Just., *De usucap. transform.* — Inst. Just., II, 6, pr.

(4) Inst. Just., II, 6, § 1.

(5) *Ibid.*, §§ 2 à 8.

(6) *Ibid.*, §§ 9, 10.

(7) Dig., *De fund. dot.*, L. 16.

(8) Dig., *Pro emp.*, L. 2, § 15.

(9) Dig., *De usurp.*, L. 15, § 3. — Dig., *De adq. rer. dom.*, L. 48, § 1. — Dig., *Pro empt.*, L. 2. — Cod. Just., *De usuc. transf.*

(10) Inst. Just., II, 6, § 11. — Dig., *Pro legato*, L. 4, L. 9. — Dig., *Pro empt.*, L. 2, § 16, L. 11.

restent deux conditions distinctes de l'usucapion. — Énumération des principales *justæ causæ* (1). — *d*) De la possession (2) : — Elle prenait ici en général
le nom de *possessio civilis*. — Pour usucaper, il ne fallait pas nécessairement
détenir personnellement la chose. — De la *continuation* et de l'*accession* de
possession : la première avait lieu au profit de l'héritier, elle n'a été admise
qu'après controverses et *utilitatis causa ;* la seconde, d'abord concédée à
l'acheteur, fut plus tard étendue à tous les successeurs particuliers (3). —
De l'interruption de la possession (*usurpatio*) (4) : — Elle pouvait être naturelle.
— L'interruption civile existait-elle dans le droit de Justinien (5) ? — *e*) Du
laps de temps : — Le laps de temps exigé par cet empereur a été de trois ans
pour les meubles, de dix à vingt ans pour les immeubles suivant que le possesseur et le propriétaire étaient présents ou absents (6) ; quel était en
cette matière le sens des mots *présents* et *absents* (7) ? — Comment se
comptait le laps de temps (8) ? — De la suspension du laps de temps (9). —
Justinien a fait triompher les principes prétoriens.

IV. De quelques cas exceptionnels : — 1° De l'usucapion en vertu
d'une possession conférée par le magistrat. — Dans certains cas le préteur
autorisait une personne à prendre possession de la chose d'autrui (10). — Le
possesseur était alors réputé avoir juste titre et bonne foi (11) ; il pouvait en
conséquence usucaper. — Dans les cas dont il s'agit, ne faut-il pas dire que
l'*in bonis* avait été immédiatement conféré par le magistrat ? — 2° De l'usucapion *pro herede* ou *lucrativa* (12). — *a*) Époque antérieure à la loi *Scribonia ?*
— L'usucapion procédait au profit de celui qui, même étant de mauvaise foi,
s'emparait des choses faisant partie d'une hérédité, avant la prise de possession par l'héritier. — C'était l'*hereditas* qui était usucapée. — But de cette
institution. — *b*) Époque de la loi Scribonia au Snc. Jouventien ? — Le
possesseur ne pouvait plus usucaper que les choses qu'il avait possédées. — De

---

(1) Dig., *De adq. vel amitt. poss.*,
L. 3, § 21. — Dig., lib. 41, tit. 4 à 10.
(2) Dig., *De usurp.*, L. 25.
(3) Inst. Just., II, 6, § 1. — Dig.,
De adq. vel amitt. possess., L. 23. —
Dig., *Quib. caus. maj.*, L. 30. — Dig.,
De div. temp., L. 11. — Cod. Just.,
De præscript. long. temp., L. 11. —
Cod. Just., *De usuc. transf.*
(4) Dig., *De usurp.*, L. 2.
(5) Inst. Just., IV, 1, § 3. — Cod.
Just., *De annal. except.*, L. 2.

(6) Inst. Just., II, 6, pr.
(7) Inst. Just., *De præscript. long.
temp.*, L. 12. — Nov. 119, ch. 8.
(8) Dig., *De usurp.*, L. 6, L. 7.
(9) Inst. Just., IV, 6, § 5. — Cod.
Just., *Quib. non objic.*, L. 3.
(10) Gaii, *Comm.*, III, § 80. — Dig.,
Damn. infect., L. 5, pr., — *Ibid.*, *De
noxal. act.*, L. 36, § 6.
(11) Dig., *De adq. vel amitt. poss.*,
L. 11. — *Ibid.*, *De reg. jur.*, L. 137.
(12) Gaii *Comm.*, II, § 52 à 58.

la maxime : *Nemo potest sibi mutare causam possessionis* (1). — *c*) Époque du Snc. Jouventien à Marc-Aurèle : — L'héritier pouvait faire rescinder l'usucapion accomplie. — En était-il ainsi même relativement à l'héritier nécessaire (2) ? — *d*) Époque de Marc-Aurèle : Un Snc. rendu sous cet empereur a organisé le *crimen expilatæ hereditatis* (3). — *e*) Dans quelle hypothèse pouvait-il être encore question, sous Justinien, de l'usucapion *pro herede* (4) ? — 3° De l'*usureceptio* (5) : — *Usureceptio fiduciæ causa.* — *Usureceptio ex prædiatura.* — 4° De l'usucapion des choses transmises par le fisc (6). — 5° De la *præscriptio longissimi temporis* (7). — C'est la prescription de trente ans, introduite par Théodose le Jeune au profit du possesseur sans juste titre, de mauvaise foi, ou lorsque la chose possédée avait certains vices au point de vue de l'usucapion. — Elle ne rendait pas le possesseur propriétaire, elle l'armait seulement d'un moyen de défense.

SECTION VI. — De l'*adjudicatio*.

I. Droit civil : — 1° Définition de l'*adjudicatio :* — C'était un mode de translation de la propriété qui s'accomplissait *officio judicis.* — 2° Elle se présentait soit dans le cas de sortie d'indivision (actions *familiæ erciscundæ, communi dividundo*), soit dans le cas de rectification des limites (action *finium regundorum*) (8). — 3° Peu importait que la chose fût *mancipi* ou *nec* (9). — 4° Montrer que l'*adjudicatio* était réellement translative de propriété (10). — Le principe contraire, écrit dans l'art. 883, Cod. civ., avait déjà été soutenu par Trebatius (11). — 5° Le pouvoir d'adjuger était conféré au juge par une clause spéciale de la formule (12). — 6° L'*adjudicatio* ne transférait le *dominium ex jure quiritium*, que si le *judicium* était *legitimum* (13).

II. Droit prétorien : — Lorsque le *judicium* était *imperio continens*, le préteur admettait que l'*adjudicatio* transférait l'*in bonis* (14).

III. Droit de Justinien : — 1° L'*adjudicatio* persistait avec les mêmes applications qu'autrefois (15). — 2° La distinction tirée de la nature du *judicium* était supprimée.

(1) Dig., *Pro herede*, L. 2, § 1.
(2) Gaii *Comm.*, III, § 201.
(3) Dig., *Æxpil. her.*, L. 1 ; L. 2.
(4) Dig., *Pro her. vel pro poss.*
(5) Gaii *Comm.*, II, §§ 59, 60, 61.
(6) Inst. Just., II, 6, § 14.
(7) Cod. Just., *De præscr.* XXX, vel XL ann., L. 3 ; L. 8, § 1.
(8) Ulp., *Regl.*, XIX, § 16.

(9) Ulp., *Regl.*, XIX, § 16.
(10) Dig., *Qui pot. in pign.*, L. 3, § 2.
(11) Dig., *De usu et usuf. per leg.*, L. 31.
(12) Gaii *Comm.*, IV, § 42.
(13) *Frag. Vatic.*, § 47.
(14) Dig., *Fam. ercisc.*, L. 44, § 1.
(15) Inst. Just., IV, 17, §§ 4 et suiv.

SECTION VII. — De la loi.

I. Droit civil : — 1° *Caduca, ereptoria* d'après la loi *Papia Poppæa.* — 2° *Legs per vindicationem* d'après la Loi des XII Tables (1). — Pourquoi disait-on que c'était cette loi qui transférait alors la propriété? — 3° Peu importait que la chose fût *mancipi* ou *nec* (2).

II. Droit prétorien : — Le préteur transférait quelquefois directement l'*in bonis* (3).

III. Droit de Justinien : — La loi était encore une manière d'acquérir la propriété sous cet empereur.

IV

DES MODALITÉS.

SECTION Iʳᵉ. — Généralités.

1° Définition du terme (*dies, tempus*) et de la condition (*conditio*). — *a*) Le terme est un aps de temps qui limite un droit. — Son caractère essentiel est la certitude, soit que l'on connaisse à l'avance le jour où il arrivera (*dies certus*), soit qu'on l'ignore (*dies incertus*). — *b*) La condition est un événement incertain et par conséquent futur qui limite un droit. — Son caractère essentiel est donc l'incertitude. — 2° Division du terme et de la condition en suspensifs et résolutoires (*dies a quo, dies ad quem, conditio a qua, conditio ad quam*). — La modalité suspensive est celle qui, dans la pensée des parties, retarde le moment où la propriété sera transférée; la modalité résolutoire est celle qui, dans la pensée des parties, n'empêche pas un transfert immédiat de la propriété, sauf retour au constituant à l'arrivée du terme ou de la condition.

SECTION II. — Le *dominium* pouvait-il être affecté du terme ou de la condition ?

I. Du terme ou de la condition résolutoires : — 1° D'après une pre-

---

(1) Ulp., *Regl.*, XIX, § 17.
(2) *Ibid.*
(3) Dig., *Damn. infect.*, L. 5; L. 15,

§ 16 ; L. 18, § 15. — *Ibid., De nox. act.*, L. 26, § 6.

mière théorie, la modalité ne pouvait affecter le *dominium* (1). — Conséquences. — 2º D'après une seconde théorie, improprement appelée théorie
d'Ulpien, et qui a triomphé dans le droit de Justinien, le *dominium* lui-même
était affecté par la modalité (2). — Conséquences.

II. Du terme ou de la condition suspensifs : — 1º D'après une première théorie, la modalité affectait le *dominium* si la translation de propriété
avait lieu par legs (3) ou même par tradition (4). — Conséquences. — En cas de
mancipation, de *cessio in jure* ou d'*adjudicatio*, l'opération était viciée, un acte
légitime ne pouvant être modifié par une modalité expresse (5). — 2º D'après
une seconde théorie, professée notamment par Ulpien, il est probable que la
modalité aurait pu être insérée, quel que fût le mode de translation de la
propriété (6), mais cette théorie a été contestée jusqu'à Justinien.

V

DE L'EXTINCTION DE LA PROPRIÉTÉ.

I. De l'extinction relative. — C'est celle qui se produit lorsqu'une
autre personne acquiert la propriété; tous les modes d'acquisition dérivés,
pour l'*accipiens*, sont donc des modes d'extinction pour le *dans*.

II. De l'extinction absolue : — 1º Abandon de la chose par le propriétaire de manière à la rendre *nullius* (7). — 2º Abandon de la chose par
le propriétaire en la mettant hors du patrimoine (8). — 3º Retour de la
chose à son état naturel (9). — 4º Destruction de la chose. — Destruction
naturelle (10). — Destruction civile (11).

(1) Dig., *De contrah. empt.*, L. 6,
§ 1. — Dig., *De præscript. verb.*, L. 12.
(2) Dig., *De mort. caus. don.*, L. 29.
— Dig., *De reiv.*, L. 41. — Dig., *De in
diem add.*, L. 4, § 3.
(3) Dig., *De leg.*, 1º, L. 69, § 1 ;
L. 81, pr. — Dig., *De cond. et demonstr.*, L. 105.
(4) Dig., *De adq. vel amitt. poss.*,
L. 38, § 1.

(5) Dig., *De reg. jur.*, L. 77. —
Frag. Vatic., §§ 49, 329.
(6) *Frag. Vatic.*, § 49. — Dig., *Fam.
ercisc.*, L. 16, § 2.
(7) Inst. Just., II, 1, § 47.
(8) *Ibid.*, § 7.
(9) *Ibid.*, § 12.
(10) Dig., *De reiv.*, L. 49, § 1.
(11) Inst. Just., II, 1, § 25, et suiv.

VI

DES ACTIONS.

1º Des actions civiles appelées *revendication* et *action négatoire* (*Dominium ex jure quiritium*) (1). — Dans la première le demandeur soutenait qu'il était propriétaire ; dans la seconde, il soutenait en outre que sa chose était libre de la servitude alléguée par le défendeur. — 3º De l'action prétorienne appelée *publicienne* (*In bonis*) (2).

CHAPITRE II

DES SERVITUDES

c

I

GÉNÉRALITÉS.

1º Définition et caractères essentiels des servitudes : — On peut définir une servitude quelconque : *Jus in re aliena quo quis aliquid pati aut non facere cogitur.* — 2º Les servitudes sont-elles des démembrements de la propriété ? — 3º D'où vient leur nom ? — 4º Division des servitudes : — a) Servitudes *personnelles*, servitudes *réelles* (3) : — Toutes les servitudes sont des droits réels, c'est-à-dire qu'elles aboutissent du côté passif à une chose, mais du côté actif elles aboutissent tantôt à une personne, tantôt à une chose. — b) Les commentateurs ont distingué les servitudes *formelles*, c'est-à-dire constituées au profit d'un tiers, et les servitudes *causales*, c'est-à-dire réunies dans la même main que l'*abusus*. — Les premières seules sont des servitudes, car les prétendues servitudes causales ne sont pas autre chose que le droit de propriété analysé par la pensée, puisque *nemini res sua servit* (4).

(1) Inst. Just., IV, 6, §§ 1, 2.
(2) *Ibid.*, § 4.
(3) Dig., *De servit.*, L. 1.

(4) Dig., *De serv. præd. urb.*, L. 26.
— *Ibid. Si usufr. pet.*, L. 5, pr.

II

DES SERVITUDES PERSONNELLES.

I. — DE L'USUFRUIT

(Inst. de Just., liv. II, tit. 4.)

SECTION Iʳᵉ. — Définition de l'usufruit (1).

1º *Ususfructus est jus alienis rebus utendi fruendi, salva rerum substantia.*
— Quel est le sens des derniers mots du texte dans la pensée de Paul qui l'a écrit (2) et dans celle de Justinien (3) ? — 2º L'usufruit était un droit qui présentait des inconvénients économiques, aussi on en admettait très facilement l'extinction pour reconstituer aussi promptement que possible la pleine propriété.

SECTION II. — Des choses sur lesquelles l'usufruit pouvait être établi.

1º Choses hors de notre patrimoine, choses dans notre patrimoine. — L'usufruit n'était possible que sur les choses de la seconde classe. — 2º Choses *mancipi*, choses *nec mancipi*. — L'usufruit pouvait s'appliquer aux unes comme aux autres, mais l'usufruit sur un fonds provincial avait nécessairement la nature de la propriété dont il était démembré. — 3º Choses mobilières, choses immobilières (4). — L'usufruit pouvait s'appliquer soit à un meuble, soit à un immeuble. — 4º Choses qui se consomment par le premier usage, choses qui ne se consomment pas par le premier usage. — Il fallait faire ici une triple distinction : — a) L'usufruit pouvait évidemment s'appliquer aux choses dont on peut faire usage sans les détériorer. — b) Mais il était impossible sur les choses dont on ne peut faire usage sans les détruire. — Un sénatusconsulte, rendu sous Tibère, déclara que la constitution de l'usufruit ne serait plus nulle et qu'elle serait exécutée par équivalent (quasi-usufruit) : la propriété même des choses était transférée au quasi-usufruitier,

(1) Consultez *Fragm. Vatic.*, §§ 41 et suiv.

(2) Dig., *De usufr.*, L. 1 ; L. 2. —

Ulp., *Regl.*, XXIV, 26.

(3) Inst. Just., II, 4, pr.

(4) Inst. Just., II, 1, § 2

qui s'engageait avec *satisdatio* à restituer des choses de la même espèce en même quantité et de la même qualité, lorsque surviendrait un fait extinctif de l'usufruit. Quand l'estimation pouvait-elle être payée au lieu des choses (1)? — *c)* Quant aux choses dont on peut faire usage sans les détruire, mais qui se détériorent rapidement par l'usage, le point de savoir si elles devaient être considérées comme soumises à un usufruit ou à un quasi-usufruit, se ramenait à une question d'intention (2). — 5° Choses corporelles, choses incorporelles. — L'usufruit pouvait s'appliquer même à une chose incorporelle, *v. g.* à une hérédité (3). — *Quid* de l'usufruit d'une créance (4)?

SECTION III. — Des droits et des devoirs de l'usufruitier.

I. Des droits de l'usufruitier : — 1° Du droit d'user. — 2° Du droit de jouir. — *a)* Fruits naturels et industriels : — L'usufruitier avait droit à tous les fruits, qu'il ne faut pas confondre avec les produits (5). — Il les acquérait par la perception (6), mais il avait droit à tous ceux qu'il avait perçus en maturité pendant la durée de l'usufruit. — *b)* Fruits civils : — Il les acquérait jour par jour (7). — Dans quelle catégorie de fruits faut-il ranger le prix de bail d'une chose frugifère (8)? — Du reste le bail passé par le nu propriétaire avant l'usufruit était étranger à l'usufruitier, et le bail passé par l'usufruitier au cours de l'usufruit était étranger au nu propriétaire. — *Quid* si l'esclave soumis à l'usufruit avait lui-même loué ses *operæ* (9)? — 3° L'usufruitier ne pouvait céder son droit, mais il pouvait en céder l'exercice (10). — Cette règle est-elle raisonnable?

II. Des devoirs de l'usufruitier : — 1° De la stipulation d'user et de jouir en bon père de famille et de restituer la chose au nu propriétaire à l'extinction de l'usufruit. — De la *satisdatio* qui garantissait les obligations qui en naissaient (11). — C'est le préteur qui a imposé ces devoirs à l'usufruitier (12); quels sont les avantages qui en résultaient pour le nu proprié-

---

(1) Cic., *Top.*, n° 3. — Inst. Just., II, 4, § 2. — Dig., *De usufr. ear. rer.*

(2) Dig., *De usufr.*, L. 15, § 4. — Dig., *De usufr. ear. rer.*, L. 1

(3) Dig., *De us. et usufr. leg*, L. 37.

(4) Dig., *De usufr. ear. rer.*, L. 3, § 4.

(5) Inst. Just., II, 1, § 37. — Dig., *De usufr.*, L. 9 et suiv.

(6) Dig., *De usufr.*, L. 12, § 5. — Inst. Just., II, 1, § 36.

(7) Dig., *De usufr.*, L. 26. — Dig., *Loc. cond.*, L. 9, § 1.

(8) Dig., *De usufr.*, L. 58, pr.

(9) *Ibid.*, L. 25, § 2.

(10) Inst. Just., II, 4, § 3. — Dig., *De usufr.*, L. 12, § 2.

(11) Dig., *Usufr. quemad. caveat.*

(12) *Ibid.*, L. 13, § 2.

taire ? — 2° Des charges de la jouissance de l'usufruitier : — Réparations d'entretien, soit que l'usufruit portât sur des bâtiments (1), sur un terrain planté d'arbres (2) ou sur un troupeau (3). — Impôts (4).

SECTION IV. — De la constitution de l'usufruit.

§ 1er. — De la translation de l'usufruit.

I. Droit civil : — 1° Pourquoi l'usufruit ne pouvait-il être transféré par mancipation (5) ? — 2° Par tradition (6) ? — 3° Par usucapion ? — Loi *Scribonia* (7). — Cela tient exclusivement à ce que le droit civil considérait à tort l'usufruit comme étant une *chose*. — 4° La *cessio in jure* transférait l'usufruit, mais elle était évidemment impuissante lorsqu'il s'agissait d'un fonds provincial. — Des pactes et stipulations auxquels les parties avaient recours en pareil cas ; quel était leur effet (8) ? — 5° L'usufruit pouvait être transféré par *adjudicatio*, pourvu que le *judicium* fût *legitimum* (9). — 6° La loi, dans l'hypothèse du legs *per vindicationem*, était le mode le plus fréquent de translation de l'usufruit (10).

II. Droit prétorien : — 1° Le préteur ne tarda pas à s'apercevoir que l'usufruit était un droit ayant une chose pour objet exactement comme la propriété. — 2° En conséquence, il admettait que l'usufruit pouvait être transféré par la *quasi-tradition* (11). — Il en était ainsi même lorsqu'il s'agissait d'un fonds provincial (12). — 3° Le préteur a-t-il étendu à l'usufruit la théorie de la *præscriptio longi temporis*? — 4° Le préteur considérait l'usufruit comme transféré par *adjudicatio*, lorsque le *judicium* était *imperio continens*.

III. Droit de Justinien : — Sous cet empereur, l'usufruit était transféré même *jure civili* par : — 1° La quasi-tradition. — Lorsque Justinien dit que l'usufruit s'établit par pactes et stipulations, ne suppose-t-il pas que la con-

(1) Dig., *De usufr.*, L. 7, § 2; L. 64; L. 65.

(2) Inst. Just., II, 1, § 38.

(3) *Ibid.* — Dig., *De usufr.*, L. 68, L. 69, L. 70.

(4) Dig., *De usufr.*, L. 52. — Dig., *De usu. et usufr. leg.*, L. 28.

(5) Gaii *Comm.*, II, § 30. — *Fragm. Vatic.*, § 47.

(6) Gaii *Comm.*, II, § 28. — *Frag. Vatic.*, § 47.

(7) Dig., *De usurp.*, L. 4, § 29. — Dig., *De adq. rer. dom.*, L. 43, § 1.

(8) Gaii *Comm.*, II, §§ 30, 31.

(9) *Frag. Vatic.*, § 47. — Dig., *De usufr.*, L. 6, § 1.

(10) *Fragm. Vatic.*, § 47. — Paul, *Sent.*, III, 6, § 17.

(11) Dig., *Quid. mod. usufr. amitt.*, L. 1. — Dig., *De Public. in rem.*, L. 11, § 1.

(12) *Fragm. Vatic.*, § 61.

vention a été suivie d'une quasi-tradition (1)? — 2° Par la *præscriptio longi temporis* (2). — 3° Par l'*adjudicatio* (3). — 4° Par la loi, soit en cas de legs (4), soit dans l'hypothèse de l'usufruit paternel (5).

§ 2. — De la déduction de l'usufruit.

I. Droit civil. — La déduction était possible : — 1° Par mancipation, parce qu'elle portait alors non sur l'usufruit, mais sur la chose *mancipi* elle-même. — 2° Par *cessio in jure*. — 3° Par legs (6). — *Quid* si le testateur avait légué à l'un la chose et à l'autre l'usufruit de cette chose (7)? — 4° Remarquer que, dans l'*adjudicatio*, l'usufruit était établi partie par translation et partie par déduction.

II. Droit prétorien. — Le préteur admettait la validité de la déduction, en cas de tradition (8).

III. Droit de Justinien. — La déduction était possible soit par tradition, soit par legs (9).

SECTION V. — Des modalités de l'usufruit.

1° Tous les jurisconsultes reconnaissaient que l'usufruit, droit essentiellement temporaire, pouvait être en principe affecté d'une modalité quelconque (*Dies a quo* ou *ad quem, conditio a qua* ou *ad quam*). — 2° Mais ils n'étaient pas toujours d'accord sur le point de savoir si la modalité était possible à raison du mode de constitution employé (10). — 3° Quoi qu'il en soit, sous Justinien, on peut dire que toutes les modalités étaient admises sans distinction (11).

SECTION VI. — De l'extinction de l'usufruit (12).

1° De la mort de l'usufruitier. — *Quid* si l'usufruit était conféré à une

---

(1) Inst. Just., II, 4, § 1.
(2) Cod. Just., *De præscript. long. temp.*, L. 12.
(3) Dig., *De usufr.*, L. 6, § 1.
(4) Inst. Just., II, 4, § 1.
(5) *Ibid.*, II, 9, § 1.
(6) Gaii *Comm.*, II, § 33. — *Fragm. Vatic.*, § 47.
(7) Dig., *De usu et usufr.*, L. 19.

(8) Dig., *De usufr.*, L. 32.
(9) *Ibid.* — Inst. Just., II, 4, § 1.
(10) *Fragm. Vatic.*, §§ 48, 49, 50.
(11) Dig., *De usufr.*, L. 4. — Dig., *Fam. ercisc.*, L. 16, § 2.
(12) Paul, *Sent.*, III, 6, §§ 28 à 33. — Dig., *Quib. mod. usufr. amitt.* — Inst. Just., II, 4, § 3. — Cod. Just., *De usufr.*, L. 16.

corporation (1)? — 2° De la *capitis deminutio* de l'usufruitier. — Réforme de Justinien quant à la *minima capitis deminutio*. — 3° Du non-usage. — Pourquoi le non-usage éteignait-il l'usufruit, tandis qu'il n'éteignait pas la propriété? — Les délais étaient dans l'ancien droit ceux de l'usucapion, un an pour les meubles, deux ans pour les immeubles. — Réforme de Justinien quant aux délais, qu'il a portés, en suivant la même doctrine, à trois ans pour les meubles, à dix ans entre présents et vingt ans entre absents pour les immeubles. — Mais, même sous cet empereur, il n'était pas nécessaire que le nu propriétaire ait possédé la chose comme libre avec juste titre et bonne foi. — 4° De la *cessio in jure*. — Elle éteignait l'usufruit lorsqu'elle était faite au nu propriétaire. — Mais quel était son effet si elle était faite à une autre personne (2)? — *Quid* dans le droit de Justinien? — 5° De la consolidation. — 6° Du changement de la chose (3). — La simple *mutatio rei* suffisait pour éteindre le droit à la différence de la propriété. — 7° De l'expiration du terme ou de l'arrivée de la condition. — Solutions données par Justinien dans quelques espèces particulières (4). — 8° De l'aliénation, de l'affranchissement ou de la mort de l'esclave; de la *capitis deminutio* ou de la mort du fils de famille, par l'intermédiaire duquel le *parterfamilias* avait acquis l'usufruit, en cas de legs *per vindicationem*. — Suppression de ce mode d'extinction par Justinien (5). — 9° La résolution du droit du constituant était-elle un mode d'extinction de l'usufruit? — Distinctions (6).

SECTION VII. — Des actions.

1° De l'action civile appelée *actio confessoria de usufructu* (7). — 2° De l'action prétorienne appelée *publiciana de usufructu* (8).

II. — DE L'USAGE

(Inst. de Just, liv. II, tit. 5.)

I. Définition de l'usage: — On pourrait reprendre la définition de l'usufruit, en y supprimant le seul mot *fruendi*. — Mais l'usage avait fini par

---

(1) Dig., *Quib. mod. usufr.*, L. 21. — Dig., *De usu et usufr. leg.*, L. 8.

(2) Gaii *Comm.*, II, § 30. — Dig., *De jure dot.*, L. 66.

(3) Dig., *Quib. mod. usufr.*, L. 8; L. 10, §§ 2, 3.

(4) Cod. Just., *De usufr.*, L. 12.

(5) *Fragm. Vatic.*, § 57. — Cod. Just., *De usufr.*, L. 15, L. 17.

(6) Dig., *Quib. mod. usufr.*, L. 16.

(7) Inst. Just., IV, 6, § 2.

(8) Dig., *De public. in rem.*, L. 11, § 1.

devenir un *jus fruendi* restreint, tout en restant un *jus utendi* absolu (1).

II. Des choses sur lesquelles l'usage pouvait être établi (2).

III. Des droits et des devoirs de l'usager : — A. Droits : — 1° L'usager ne pouvait céder ni son droit, ni même l'exercice de son droit (3). — 2° D'après une théorie primitive, il ne pouvait qu'user sans avoir droit à une part quelconque des fruits (4). — 3° Mais, plus tard, les jurisconsultes ont été amenés, en interprétant les testaments, à accorder à l'usager une portion des fruits. — 4° Application de ces principes à l'usage d'un fonds rural (5), d'une maison (6), d'un esclave (7), d'un animal (8), d'un troupeau (9), d'une forêt (10). — B. Devoirs : — 1° De la *satisdatio* prétorienne (11). — 2° Des charges de la jouissance de l'usager (12).

IV. De la constitution de l'usage (13).

V. Des modalités de l'usage.

VI. De l'extinction de l'usage (14).

VII. Des actions.

III. — DE L'HABITATION

(Inst. de Just., liv. II, tit. 5, § 5.)

1° Les jurisconsultes romains ont été amenés, après controverses, à distinguer le droit d'habitation du droit d'usage d'une maison, par interprétation des legs (15). — 2° Le droit d'habitation consistait plutôt pour eux *in facto quam in jure* (16). — 3° Il différait du droit d'usage d'une maison sous trois rapports principaux : — L'habitant pouvait céder l'exercice de son droit (17).

(1) Dig., *De usu et hab.*, L. 22, § 1.

(2) Dig., *De usufr. ear. rer.*, L. 5, § 2.

(3) Inst. Just., II, 5, § 1.

(4) Dig., *De usu*, L. I, § 1; L. 2, pr.

(5) Inst. Just., II, 5, § 1. — Dig., *De usu*, L. 12, § 1.

(6) Inst. Just., II, 5, § 2. — Dig., *De usu*, L. 2, § 1 à L. 9.

(7) Inst. Just., II, 6, § 3. — Dig., *De usu*, L. 12, § 6; L. 13.

(8) *Ibid.*

(9) Inst. Just., II, 6, § 4. — Dig., *De usu*, L. 12, § 2.

(10) Dig., *De usu*, L. 22, pr.

(11) Dig., *Usufr. quemad. cav.*, L. 5, § 1.

(12) Dig., *De usu*, L. 18, pr.

(13) Inst. Just., II, 6, pr.

(14) *Ibid.*

(15) Dig., *De usu*, L. 10. — Cod. Just., *De usufr.*, L. 13.

(16) Dig., *De cap. min.*, L. 10, pr.

(17) Inst. Just., II, 6, § 5.

— Le droit d'habitation, même avant Justinien, ne s'éteignait pas par la *minima capitis deminutio* (1). — Il ne s'éteignait pas par le non-usage (2).

IV. — DES OPERÆ SERVORUM VEL ANIMALIUM

(Dig., liv. VII, tit. 7.)

1° Les jurisconsultes romains ont été amenés à distinguer le droit aux *operæ* d'un esclave ou d'un animal (3) du droit à l'usage d'un esclave ou d'un animal, par interprétation des legs. — 2° Le droit aux *operæ* consistait encore pour eux plutôt *in facto quam in jure* (4). — 3° Il différait du droit d'usage sous cinq rapports principaux : — Le droit aux *operæ* ne s'éteignait pas par la mort du légataire, — ni par sa *capitis deminutio*, — ni par le non-usage. — Il s'éteignait lorsque l'esclave était usucapé par un tiers. — L'exercice pouvait en être cédé (5).

V. — DE L'EMPHYTÉOSE

(Inst. de Just., liv. III, tit. 24, § 3.)

I. Généralités : — 1° Définition de l'emphytéose : — L'emphytéose était le droit d'user et de jouir d'un immeuble, avec faculté de le transformer, la concession étant faite à perpétuité ou pour très longtemps. — 2° Ce droit a été imaginé pour arriver à mettre en culture les terres en friches. — 3° *Agri vectigales.* — Emphytéose, concession administrative. — Emphytéose, concession privée (6).

II. Des choses sur lesquelles le droit d'emphytéose pouvait être établi.

III. Des droits et des devoirs de l'emphytéote : — A. Droits : — 1° L'emphytéote avait le droit d'user, de jouir et de transformer. — 2° Il pouvait céder son droit, sauf la faculté de prélation au profit du propriétaire (7). — 3° Il avait la possession (8). — 4° Avait-il un droit réel ? —

---

(1) Dig,, *De usu*, L. 10, pr.
(2) *Ibid.*
(3) Dig., *Usuf. quemad. cav.* L. 5, § 3.
(4) Dig., *De oper. serv.*, L. 1.
(5) Dig., *De usu et usufr. leg.*, L. 2.
(6) Gaii, *Comm.*, III, § 145. — Dig.,

Si 'ayer vectig. id est emphyt. pet. —
Dig., *Qui satisd. cog.*, L. 15, § 1. —
Cod. Just., *De jure emphyt.*

(7) Cod. Just., *De jur. emphyt.*, L. 3.

(8) Dig., *De usuris*, L. 25, § 1.

D'après l'ancien droit civil, l'emphytéote n'avait aucun droit réel. — Plus tard, il eut un droit réel prétorien (1). — A partir de Zénon, il fut considéré comme ayant un droit réel même *jure civili* (2). — B. devoirs : — 1° Du vectigal ou canon. — 2° Des charges de la jouissance de l'emphytéote.

IV. De la constitution de l'emphytéose : — 1° Tradition. — Quelques auteurs prétendent même qu'elle n'était pas nécessaire. — 2° Legs (3). — 3° *Præscriptio longi temporis* (4).

V. Des modalités de l'emphytéose.

VI. De l'extinction de l'emphytéose : — 1° Abandon fait au proprié- taire. — 2° Acquisition de la propriété. — 3° Expiration du terme ou arrivée de la condition. — 4° Défaut de payement du vectigal (5).

VII. De l'action.

VI. — DE LA SUPERFICIE

(Dig., liv. XLIII, tit. 18.)

1° Définition de la superficie : — La superficie était le droit d'édifier des constructions sur le sol d'autrui, et d'en user ensuite à perpétuité ou pour un très long temps. — 2° Origine de ce droit. — 3° Droits et devoirs du superficiaire. — 4° Constitution de la superficie. — 5° Actions. — 6° L'emphytéose et la superficie étaient-elles de véritables servitudes per- sonnelles (6) ?

III

DES SERVITUDES RÉELLES.

(Inst. de Just., liv. II, tit. 3.)

SECTION Ire. — Généralités.

1° Définition et nature des servitudes réelles : — On peut définir une

(1) Dig., *Si ager. vect.*, L. 1, § 1. — Dig., *De evict.*, L. 66, pr.
(2) Cod. Just., *De jur. emphyt.*, L. 1.
(3) Dig., *De leg.*, 1°, L. 71, §§ 5, 6.
(4) Dig., *De public. in rem*, L. 12, § 2.
(5) Cod. Just., *De jure emphyt.*, L. 2.
(6) Dig., *De leg.*, 1°, L. 86, § 4.

servitude réelle : *jus in prædio alieno ad augendam utilitatem vel amœnitatem alteri prædii constitutum*. — Le fonds qui doit la servitude se nomme *fundus serviens* (fonds servant), celui auquel elle est due, *fundus cui servitus debetur* (fonds dominant) (1).— Cette qualité, active pour l'un des fonds, passive pour l'autre, les suit en quelques mains qu'ils passent (2). — Ces servitudes, que l'on appelle aussi *prædiales*, sont-elles des démembrements de la propriété ? — Elles sont indivisibles (3). — 2° Quels étaient les caractères essentiels que devaient avoir ces servitudes pour être légalement établies ? — *a)* La servitude devait être imposée au fonds servant et non à la personne de son propriétaire ; réciproquement, elle devait être établie pour compléter l'utilité du fonds dominant et non pour l'utilité directe de son propriétaire (4). — *b)* La servitude devait être réellement utile au fonds dominant (5). — Aussi les deux fonds devaient être voisins (6), mais il n'était pas nécessaire qu'ils fussent contigus. — *c)* La servitude devait avoir une cause perpétuelle, caractère arbitraire qui a été plus tard abandonné (7). — 3° Division des servitudes réelles : — *a)* Servitudes rustiques, Servitudes urbaines (8). — Dans un premier système on recherche si la servitude a été constituée pour l'usage d'un fonds dominant bâti ou non bâti. — Dans un second, on se demande si la servitude éveille ou n'éveille pas l'idée d'une construction. — Quoi qu'il en soit, il faut remarquer que les servitudes rustiques consistent, au moins habituellement, *in faciendo*, tandis que les servitudes urbaines consistent *in habendo*, ou *in prohibendo*. — *b)* Servitudes positives, Servitudes négatives.

SECTION II. — Des choses entre lesquelles le droit de servitude réelle pouvait être établi.

1° Choses dans notre patrimoine, choses hors de notre patrimoine : — Il fallait distinguer entre le fonds servant et le fonds dominant (9), quant aux choses de la seconde classe. — **2°** Choses *mancipi* ou *nec*. — Remarque quant aux fonds provinciaux. — 3° Les servitudes n'étaient possibles qu'entre

---

(1) Dig., *De serv. rust.*, L. 23, § 2.

(2) Dig., *De verb. signif.*, L. 86. — *Ibid.*, *Comm. præd.*, — L. 12.

(3) Dig., *De serv.*, L. 17 ; L. 2. — *Ibid.*, *Si serv. vind.*, L. 4, §§ 3,4.

(4) Dig., *De serv.*, L. 15, § 1. — L. 8, pr.

(5) *Ibid.*, L. 15, pr.

(6) Dig., *De serv. rustic.*, L. 5, § 1.

— Dig., *De serv. urb.*, L. 38. — Dig., *Si serv. vind.*, L. 5.

(7) Dig., *De serv. urb.*, L. 28. — Dig., *Comm. præd.*, L. 2. — Dig., *De serv. rustic.*, L. 9.

(8) Inst. Just., II, 2, § 3. — Dig., *De serv.*, L. 3.

(9) Dig., *Comm. præd.*, L. 4. — Dig., *De serv.*, L. 4, § 1.

deux immeubles (1). — 4º Choses corporelles, choses incorporelles (2).

SECTION III. — Des droits du propriétaire du fonds dominant.

I. Généralités : — 1º Le maître d'une servitude réelle avait implicitement droit aux accessoires qu'elle comportait. — 2º Il pouvait faire tous les travaux nécessaires à l'entretien des choses en état convenable pour exercer la servitude (3). — 3º Pouvait-il céder son droit ? Distinction. — L'exercice de son droit (4) ?

II. Des droits du propriétaire du fonds dominant relativement aux diverses servitudes rustiques : — 1º Des servitudes d'*iter*, d'*actus* et *de via* (5). — En quoi ces diverses servitudes de passage différaient-elles ? — 2º De la servitude d'*aquæductus* (6). — 3º De la servitude d'*aquæ haustus*. — 4º De la servitude *pecoris ad aquam adpulsus*. — 5º De la servitude *pascendi*. — 6º De la servitude *calcis coquendæ*. — 7º De la servitude *arenæ fodiendæ* (7).

III. Des droits du propriétaire du fonds dominant relativement aux diverses servitudes urbaines : — 1º De la servitude *oneris ferendi* (8). — Cette servitude présentait cette singularité qu'elle imposait un fait actif au propriétaire du fonds servant. — 2º De la servitude *tigni immittendi*. — 3º De la servitude *projiciendi* (9). — 4º Des servitudes *stillicidii vel fluminis recipiendi, aut non recipiendi*. — Comment peut-on expliquer ces servitudes quand elles étaient négatives ? Les difficultés qui se sont produites sur ce point tiennent à ce que l'on n'a pas compris que la réception de l'eau peut être un avantage ; le fonds servant est donc ici celui qui ne reçoit pas son eau. — 5º Des servitudes *non ædificandi*, et *non altius tollendi aut altius tollendi* (10). — Comment comprendre la servitude *altius tollendi ?* On peut avoir avantage à ce que le fonds voisin soit surélevé, or on peut établir à titre de servitude le droit de surélever le mur du voisin ; le fonds servant est celui sur lequel la surélévation est faite (11). — 6º Des servitudes *luminum, ne luminibus officiatur*, et *ne prospectui officiatur* (12). — En quoi ces diverses servitudes de jour différaient-elles ?

(1) Inst. Just., II, 3, § 3.
(2) Dig., *De superf.*, L. 1, § 9.
(3) Dig., *De serv.*, L. 10.
(4) Dig., *De serv. rust.*, L. 33, § 1. — Dig., *Loc. cond.*, L. 44.
(5) Inst. Just., II, 3, pr. — Dig., *De serv. rustic.*, L. 7, L. 8, L. 12, L. 23, pr. — Dig., *De accep.*, L. 13, § 1.
(6) Inst. Just., II, 3, pr.

(7) Inst. Just., II, 3. § 2.
(8) Dig., *De serv. urb.*, L. 33. — Dig., *Si serv. vind.*, L. 2, § 6.
(9) Inst. Just., IV, 6, § 2.
(10) Inst. Just., II, 3, § 1. — Dig., *De serv., præd. urb.*, L 1, pr.
(11) Voy. toutefois, Dig., *De serv. præd. urb.*, L. 21.
(12) Dig., *De serv. urb.*, L. 3, L. 4.

SECTION IV. — De la constitution des servitudes réelles.

§ 1er. — De la translation de la servitude.

I. Droit civil : — 1° Pourquoi les servitudes réelles ne pouvaient-ell être établies par tradition (1) ? — 2° Par usucapion (2) ? — 3° La mancipation transférait les servitudes rustiques (3). — 4° La *cessio in jure* s'appliquait à toutes les servitudes (4). — Mais elle était évidemment impuissante relativement aux fonds provinciaux. — Des pactes et stipulations auxquels les parties avaient recours, quel était leur effet (5) ? — 5° L'*adjudicatio* pouvait transférer la servitude lorsque le *judicium* était *legitimum* (6). — 6° La loi, dans l'hypothèse du legs *per vindicationem*, transférait également la servitude (7).

II. Droit prétorien : — 1° Le préteur admettait la quasi-tradition des servitudes réelles (8). — Ce mode pouvait-il s'appliquer aux servitudes négatives ? — La protection prétorienne s'étendait aux servitudes constituées sur des fonds provinciaux (9). — 2° La *præscriptio longi temporis* s'appliquait aux servitudes réelles (10). — *Quid* cependant quant aux servitudes *rustiques* (11) et aux servitudes *négatives* ? — Le préteur exigeait-il ici le délai de dix à vingt ans ? — La juste cause et la bonne foi ? — 3° Le préteur considérait la servitude comme constituée par *adjudicatio*, même lorsque le *judicium* était *imperio continens*.

III. Droit de Justinien : — Les servitudes réelles se transféraient sous cet empereur : — 1° Par la quasi-tradition. — Lorsque Justinien dit que les servitudes réelles pouvaient être établies par pactes et stipulations, ne suppose-t-il pas la convention suivie d'une quasi-tradition (12) ? — Comment les servitudes négatives pouvaient-elles être alors constituées entre vifs ? — 2° Par la *præscriptio longi temporis* (13). — 3° Par l'*adjudicatio* (14). — 4° Par un legs quelconque (15).

(1) Gaii *Comm.*, II, § 28.
(2) Dig., *De serv.*, L. 14. — Dig., *De usurp.*, L. 4, § 29.
(3) Gaii *Comm.*, II, § 29.
(4) *Ibid.*
(5) *Ibid.*, § 31.
(6) Dig., *Fam. ercisc.*, L. 22, § 3. — Dig., *Comm. divid.*, L. 7, § 1. — *Frag. Vatic.*, § 47.
(7) Dig., *De serv. leg.*
(8) Dig., *De serv. rust.*, L. 1, § 2.

— Dig., *De serv.*, L. 20.
(9) Cod. Just., *De serv.*, L. 3.
(10) *Ibid.*, L. 1, L. 2. — Dig., *Si serv. vind.*, L. 10.
(11) Dig., *De serv.*, L. 14, pr.
(12) Inst. Just., II, 3, § 4.
(13) Cod. Just., *De præsc. long. temp.*, L. 12. — *Ibid.*, *De serv.*, L. 13, L. 14.
(14) Dig., *Fam. ercisc.*, L. 22, § 3.
(15) Inst. Just., II, 3, § 4.

§ 2. — De la déduction des servitudes réelles.

I. Droit civil : — La déduction était possible en cas de mancipation, — de *cessio in jure*, — de legs. — *Quid* de l'*adjudicatio?*

II. Droit prétorien : — Le préteur l'admettait dans la tradition. — Il faut distinguer ici trois hypothèses différentes(1). — La déduction devait être expresse, d'où il suit que les Romains n'admettaient pas l'établissement des servitudes par destination du père de famille (2).

III. Droit de Justinien : — Les servitudes pouvaient être déduites, soit dans la tradition, soit dans le legs.

SECTION V. — Des modalités en matière de servitudes réelles.

1º D'après le droit civil, une servitude réelle ne pouvait être affectée d'aucune modalité résolutoire. — En principe, la servitude établie avec la modalité était constituée purement. — 2º Mais le préteur, à l'aide de l'exception *pacti* ou *doli mali*, venait au secours de la partie en faveur de laquelle la modalité avait été établie (3). — 3º C'est ce système qui a été suivi par Justinien. — 4º *Quid* de la modalité suspensive (4)?

SECTION VI. — De l'extinction des servitudes réelles.

1º Du non-usage : — Le délai du non-usage était de deux ans dans l'ancien droit (5). — Le point de départ de ce laps de temps variait suivant que la servitude était rustique ou urbaine (6). — Comment le propriétaire du fonds dominant devait-il user pour conserver son droit (7) ? — Justinien a porté le délai du non-usage à dix ou vingt ans (8). — Cet empereur n'a pas exigé que le propriétaire du fonds servant ait juste titre et bonne foi. — 2º De la cession faite au propriétaire du fonds servant (9). — 3º De la confusion (10). — 4º Du changement survenu à l'un des deux fonds (11). —

(1) Dig. *De serv.*, *urb.*, L. 34, L. 35. — Dig., *Comm. præd.*, L. 3, L. 6, L. 8.

(2) Dig., *De serv. leg.*, L. 1. — Dig., *Comm. præd.*, L. 10.

(3) Dig., *De serv.*, L. 4.

(4) Dig., *De serv.*, L. 4. — *Ibid.*, *De serv. leg.*, L. 3.

(5) Paul, *Sent.*, I, 17.

(6) Dig., *De serv. urb.*, L. 6.

(7) Dig., *Quemad. serv. amitt.*, L. 25 ; L. 10, § 1 ; L. 17.

(8) Cod. Just., *De serv.*, L. 13, L. 14.

(9) Dig., *Quemad. serv. amitt.*, L. 8, pr.

(10) Dig. *De serv. urb.*, L. 30, pr.

(11) Dig., *De serv. rust.*, L. 35. — *De serv. urb.*, L. 20, § 2. — *Quemad. serv. amitt.*, L. 14.

5° De l'expiration du terme ou de l'arrivée de la condition d'après le droit prétorien (1). — 6° La résolution des droits du constituant était-elle un mode d'extinction des servitudes réelles ? — Distinction (2).

SECTION VII. — Des actions.

1° De l'action civile appelée *confessoria de servitute* (3). — 2° De l'action prétorienne appelée *publiciana de servitute* (4).

TITRE TROISIÈME

DES DROITS RÉELS ACCESSOIRES

(Dig., liv. XX, liv. XLII, tit. 5.)

I. — GÉNÉRALITÉS

1° Définition des droits réels accessoires : — On nomme ainsi des droits réels qui ne peuvent exister qu'à la condition de s'attacher à un droit de créance. — 2° Quels sont les dangers qui menacent les créanciers chirographaires ? — 3° Des divers moyens de sanction des créances : — Contrainte par corps. — Multiplicité des débiteurs. — Droits réels accessoires. — 4° En général, ces derniers droits peuvent s'analyser en trois droits subsidiaires : — Droit d'expropriation spécial, — droit de suite, — droit de préférence.

II. — DE LA FIDUCIE

1° Elle supposait une translation de propriété accomplie au profit du créancier, et accompagnée d'un contrat portant que celui-ci retransférerait la propriété lorsqu'il aurait reçu satisfaction pour sa créance (contrat de fiducie) (5). — 2° Elle constituait un droit accessoire excellent pour le créan-

(1) Dig., *De serv.*, L. 4.
(2) Dig., *Quemad. serv. amitt.*, L. 11, § 1.
(3) Inst. Just., IV, 6, § 2.
(4) Dig., *De public. in rem. act.*, L. 11, § 1.
(5) Gaii *Comm.*, II, §§ 59, 60. — Paul, *Sent.*, II, 13.

7

cier, mais désastreux pour le débiteur, car il était exposé à ce que le créancier abusât de sa confiance, il ne pouvait donner la chose en fiducie à plusieurs créanciers, il était privé de l'usage d'une chose qui lui était peut-être
indispensable. — Comment avait-on essayé de parer à ce dernier inconvénient (1)?

III. — DU GAGE

1° Le gage exigeait seulement la translation de la possession (2). —
2° Le premier inconvénient signalé disparaissait ainsi, mais les deux derniers subsistaient.

IV. — DE L'HYPOTHEQUE

I. Généralités : — 1° L'hypothèque ne supposait pas même la translation de la détention (3). — Nous trouvons donc ici une dérogation bien
remarquable à la règle d'après laquelle les conventions ne transféraient pas
les droits réels. — 2° Quel est le mérite de cette institution ? — Ses avantages
sont évidents, mais sans le correctif de la publicité qui n'a jamais été admis
en droit Romain (4), l'hypothèque peut devenir un instrument de fraude. —
3° L'hypothèque est d'origine grecque, c'est le préteur qui l'a fait admettre
en droit Romain. — Est-ce le préteur *Servius* ou le préteur *Salvius* ? —
4° Elle ne fut d'abord possible que dans les relations du bailleur et du fermier pour garantir les obligations de ce dernier, parce que c'était là que
les inconvénients de la fiducie et du gage étaient surtout sensibles, et
aussi peut-être parce que l'hypothèque portant sur les choses apportées par le
fermier dans la ferme, on s'écartait moins que dans tout autre cas de l'idée
d'un gage; plus tard, l'institution fut généralisée (5). — 5° Dès lors, il n'y
eut plus d'intérêt pratique à distinguer le gage de l'hypothèque (6), au moins
dans la plupart des cas. — 6° Caractères généraux du droit d'hypothèque : —
Notamment c'était un droit indivisible. — Était-ce un démembrement de la
propriété ? — 7° Division des hypothèques.

II. De la constitution des hypothèques : — 1° L'hypothèque pouvait

(1) Gaii *Comm.*, II, § 60. — Dig.,
De adq. vel. amitt. poss., L. 37. —
Ibid., *De procur.*, L. 6, § 4.
(2) Dig., *De usurp.*, L. 16.
(3) Dig., *De pign. act.*, L. 9, § 2.
(4) L'empereur Léon fit une in-

novation impuissante à cet égard
(Cod. Just., *Qui potior.*, L. 11).
(5) Inst. Just., IV, 6, § 7.
(6) Dig., *De pign. et hyp.*, L. 5,
§ 1.

naître de la convention (1), de la loi (hypothèque tacite : Énumération des principaux cas) (2), ou du testament (3). — 2° Le *prætorium pignus* (4) et le *pignus judiciale* (5) étaient des gages plutôt que des hypothèques.

III. Des choses sur lesquelles le droit d'hypothèque pouvait être établi : — 1° L'hypothèque pouvait porter sur tous les biens du constituant, ou sur certains biens déterminés, qu'ils fussent meubles ou immeubles. — Pourquoi, dans la pratique, l'hypothèque conventionnelle était-elle habituellement constituée sur des immeubles et le gage sur des meubles (6)? — 2° Toutes les choses dans notre patrimoine pouvaient être en principe hypothéquées (7). — Il suffisait que le constituant ait la chose *in bonis* (8). — *Quid* de l'hypothèque de la chose d'autrui (9)? — 3° Pouvait-on hypothéquer une servitude soit personnelle, soit réelle (10)? — 4° Une créance (11)?

IV. Des droits du créancier hypothécaire : — 1° Droit de préférence : — Maxime : *Prior tempore potior jure* (12). — 2° Droit de suite : — Le créancier hypothécaire pouvait agir contre tout tiers détenteur (13) pour prendre possession de la chose (14). — Mais le possesseur, s'il était lui-même créancier hypothécaire antérieur, pouvait repousser l'action par une exception (15). — S'il était créancier hypothécaire postérieur, il avait encore la ressource du *jus offerendæ pecuniæ* (16). — 3° Droit d'expropriation (17) : — Le créancier hypothécaire mis en possession pouvait à son choix vendre ou ne pas vendre. — Pouvait-il se faire attribuer la chose en payement (18)?

V. De l'extinction des hypothèques (19) : — 1° Extinction de l'hypothèque comme conséquence de l'extinction de la créance qu'elle garantissait.

(1) Dig., *De pign. et hyp.*, L. 4.
(2) Dig., *In quib. caus. hyp. tacit. contrah.* — Cod. Just., *De rei uxor.*, L. 1.
(3) Dig., *De pign. act.*, L. 26, pr.
(4) *Ibid.*, L. 26, pr., § 1. — Cod. Just., *De præd. pign.*
(5) Dig., *De re jud.*, L. 15.
(6) Inst. Just., IV, 6, § 7.
(7) Dig., *De pign. et hyp.*, L. 9, § 1.
(8) *Ibid.*, L. 18.
(9) *Ibid.*, L. 1, pr., L. 22. — Dig., *De pign. act.*, L. 41.
(10) Dig., *De pign. et hyp.*, L. 11, §§ 2, 3 ; L. 12 ; L. 13, § 3. — Dig., *De pign. act.*, L. 16, § 2 ; L. 40, § 2.

(11) Dig., *De pign. et hyp.*, L. 13, § 2. — Dig., *De pign. act.*, L. 18, pr.
(12) Cod. Just., *Qui potior. in pign.*, L. 4. — Dig., *ibid.*, *passim.*
(13) Cod. Just., *De pign. et hyp.*, L. 15.
(14) Dig., *ibid.*, L. 16, § 3.
(15) Dig., *Qui potior. in pign.*, L. 12, pr.
(16) Dig., *De distr. pign.*, L. 3, pr. — L. 5.
(17) Dig., *De distr. passim.* — Cod. Just., *ibid.*
(18) Cod. Just., *De jure dom. impetr.*
(19) Dig., *Quib. mod. pign. vel hyp. solv.*

— 2° Extinction de l'hypothèque indépendamment de l'extinction de la créance.

VI. Des actions : — 1° De l'action Servienne et de l'interdit Salvien. — 2° De l'action quasi-Servienne ou hypothécaire (1).

V. — DU PRIVILÈGE

1° Tout privilège résultait de la loi. — 2° Du privilège personnel (2). — Il consistait dans un simple droit de préférence vis-à-vis des créanciers chirographaires. — Entre créanciers privilégiés le rang s'établissait sans égard à l'ancienneté (3). — 3° Du privilège réel (4). — C'était une hypothèque privilégiée, c'est-à-dire un droit qui, ayant tous les avantages de l'hypothèque, était en outre affranchi de la maxime *prior tempore potior jure*.

I. — DE L'ANTICHRÈSE

1° En soi, l'antichrèse n'avait point pour but de conférer un droit réel accessoire au créancier. — 2° Mais elle était ordinairement accompagnée d'une constitution de gage. — 3° Dans le silence des parties sur ce point, un droit réel accessoire ne prenait-il pas naissance (5) ?

VII. — DE LA RÉTENTION

1° Ce droit supposait le créancier en possession d'une chose appartenant à son débiteur (6). — 2° Devait-il être créancier *à raison de la chose?* — 3° La rétention ne pouvait être opposée que par voie d'exception (7) ; si le créancier faisait vendre la chose, il n'avait donc aucun droit de préférence sur le prix.

(1) Inst. Just., IV, 6, § 7. — *Ibid.*, IV, 15, § 3.

(2) Dig., *De reb. auct. jud.*, L. 17 à L. 26. — Dig., *De reg. jur.*, L. 196. — Cod. Just., *Qui potior. in pign.*, L. 9.

(3) Dig., *De reb. auct. jud.*, L. 32.

(4) Dig., *Qui potior. in pign.*, L. 5. — Cod. Just., *Qui potior.*, L. 12, pr., § 1.

(5) Dig., *De pign. et hyp.*, L. 11, § 1. — Dig., *De pign. act.*, L. 33. — Dig., *In quib. caus. pign.*, L. 8. — Cod. Just., *De usur.*, L. 14, L. 17.

(6) Dig., *De furtis*, L. 15, § 2. — Dig., *De act. empt.*, L. 13, § 8. — Dig., *De pign. et hyp.*, L. 1, pr. — Dig., *De except. dol. mal.*, L. 14.

(7) Dig., *Ad Snc. Trebell.*, L. 21.

TITRE QUATRIÈME

DES PERSONNES EN MATIÈRE DE DROITS RÉELS

(Inst. de Just., liv. II, tit. 8 et 9.)

I

DES PERSONNES CAPABLES D'ALIÉNER OU D'ACQUÉRIR

SECTION Iʳᵉ. — Des personnes capables d'aliéner.

I. En principe, le propriétaire (ou mieux le maître du droit) pouvait et pouvait seul aliéner. — Néanmoins, il y avait des propriétaires qui ne pouvaient aliéner, et, réciproquement, il y avait des personnes qui pouvaient aliéner, bien qu'elles ne fussent pas propriétaires.

II. Propriétaires qui ne pouvaient aliéner : — 1º Le pupille procédant sans *auctoritas :* — *a*) Pour les principes généraux, renvoi p. 47. — *b*) Justinien applique ici ces principes à trois espèces particulières (1) : — Du cas où le pupille prêtait certaines choses à titre de *mutuum;* le contrat ne se formait pas (*non contrahit obligationem*), parce qu'il était essentiel que le préteur transférât la propriété des choses prêtées à l'emprunteur (2) ; pour déterminer les actions que le pupille pouvait avoir, il fallait distinguer entre le cas où les choses prêtées existaient encore, celui où l'emprunteur les avait consommées de bonne foi et celui où il les avait consommées de mauvaise foi. — Du cas où le pupille recevait un payement ; le pupille devenait propriétaire des choses qui lui étaient transférées à titre de payement; mais le débiteur n'était pas libéré *nisi locupletior pupillus factus esset* (3); si le tuteur avait interposé son *auctoritas*, le débiteur était libéré *jure civili* (4), mais il était encore exposé à la *restitutio in integrum* (5) ; procédé indiqué par Justinien pour qu'il puisse obtenir *plenissima securitas*. — Du cas où le pupille

(1) Inst. Just., 11, 8, § 2.

(2) Dig., De reb. cred., L. 2, § 2.

(3) Dig., De auct. tut., L. 5, pr. — Dig., De solut., L. 47, pr.

(4) Dig., De adm. et per. tut., L. 46, § 5.

(5) Cod. Just., Si adv. sol., L. 1.

faisait un payement ; solutions analogues à celles exposées au cas de *mu-tuum* (1). — 2° La femme en tutelle : — *a*) Pour les principes généraux, renvoi, p. 49. — *b*) Comme la femme pouvait, *sans auctoritas*, aliéner les *res nec mancipi* (2), il y avait entre elle et le pupille de nombreuses différences dans les trois espèces qui viennent d'être examinées à propos du pupille (3). — 3° L'adolescent (renvoi p. 52). — 4° Le prodigue (renvoi, p. 53). — 5° Le fou (renvoi p. 53). — 6° L'idiot (renvoi, p. 53). — 7° Le mari à l'égard du fonds dotal (renvoi) (4).

III. Personnes qui, sans être propriétaires, pouvaient aliéner : — 1° Toutes les fois qu'une personne aliénait avec le consentement du proprié-taire, il n'y avait véritablement pas exception au principe (5) ; il faut donc indiquer exclusivement ici les personnes qui pouvaient aliéner sans le con-sentement du propriétaire. — 2° Du tuteur du pupille et des curateurs. — Nécessité du décret du magistrat (6). — 3° Le créancier gagiste, lorsque le contrat portait que celui-ci ne pourrait aliéner (7). — 4° Le simple créancier chirographaire (8).

SECTION II. — Des personnes capables d'acquérir.

I. Des *sui juris*. — 1° En principe, tout *sui juris* était capable d'ac-quérir. — 2° Il y avait cependant des exceptions (9).

II. Des *alieni juris :* — 1° L'esclave et la personne *in mancipio* étaient personnellement frappés de l'incapacité d'acquérir. — Ils pouvaient seule-ment *ex persona domini* acquérir pour leur maître. — 2° Le fils de famille et la femme *in manu* n'étaient pas incapables d'acquérir ; néanmoins, ils ac-quéraient aussi en principe pour leur *paterfamilias*. — Dérogations succes-sives (10) : — *a*) Pécule *castrans*. — Il a été introduit vers Auguste. — Il com-prenait tout ce que le fils de famille avait acquis à raison de sa qualité de soldat. — Le fils de famille était en principe réputé *paterfamilias* à l'égard de son pécule *castrans*. — *b*) Pécule *quasi-castrans*. — Il a pris naissance sous Constantin. — Il finit par comprendre tous les biens que le fils de fa-

(1) Dig., *De auct. tut.*, L. 9, § 2. — Dig., *De solut.*, L. 14, § 8.
(2) Ulp., *Regl.*, XI, § 27.
(3) Gaii *Comm.*, II, §§ 80, et suiv.
(4) Inst. Just., II, 8, pr.
(5) *Ibid.*, § 1.
(6) Dig., *De reb. cor. qui sub. tut.* — Cod. Just., *De adm. tut.*, L. 22.
(7) Dig., *De pign. act.*, L. 4.

(8) Dig., *De re jud.*, L. 15, § 2.
(9) Ulp., *Regl.*, XIX, § 4.
(10) Inst. Just., II, 9, §§ 1, 2. — Dig., *De castr. pecul.* — Dig., *Ad scn. Maced.*, L. 2. — Cod. Just., *De castr. omn. palat.* — Cod. Just., *De bon. matern.* — *Ibid.*, *De bon. quæ liber.* — Nov. 117, C. 1. — 118, C. 2.

mille avait acquis à raison d'un office civil. — *c)* Pécule adventice. — Il a été également introduit par Constantin et ne comprenait alors que les biens recueillis dans l'hérédité maternelle. — Successivement augmente, il finit par comprendre sous Justinien tout ce qui ne provenait pas *ex re patris.* — Mais le *paterfamilias* avait l'administration et l'usufruit de ce pécule, sauf dans des cas exceptionnels. — *Quid* si le *filiusfamilias* était émancipé? — *d)* Il ne faut pas confondre ces pécules avec le pécule profectice dont le *paterfamilias* restait propriétaire.

II

DES PERSONNES PAR L'INTERMÉDIAIRE DESQUELLES ON POUVAIT ALIÉNER OU ACQUÉRIR

SECTION Iʳᵉ. Des personnes par l'intermédiaire desquelles on pouvait aliéner.

1º En principe, on ne pouvait aliéner par l'intermédiaire d'une autre personne. — 2º Cependant, l'agnat curateur légitime du fou ou du prodigue pouvait aliéner à titre onéreux et même transférer le *dominium ex jure quiritium* de la chose, qu'elle fût *mancipi* ou *nec* (1). — 3º Le mandataire ou le créancier gagiste ayant reçu le droit de vendre, pouvait transférer le *dominium ex jure quiritium* d'une chose *nec mancipi*, mais il ne pouvait transférer que l'*in bonis* d'une chose *mancipi* (2). — 4º Le tuteur ou le curateur datif ne pouvait jamais transférer que l'*in bonis*, même si la chose était *nec mancipi* (3).

SECTION II. — Des personnes par l'intermédiaire desquelles on pouvait acquérir.

§ 1ᵉʳ. — Des personnes sur lesquelles le *paterfamilias* avait une puissance domestique complète (4).

I. De l'acquisition de la possession : — 1º La possession s'acquérait *corpore* et *animo.* — Le fait corporel pouvait être accompli par l'*alieni juris,*

(1) Gaii *Comm.*, II, § 64. — Dig., *De cur. fur.*, L. 12 ; L. 17; L. 10, § 1 ; L. 11 ; L. 7, § 3.

(2) Inst. Just., II, 1, §§ 42, 43. — Gaii *Comm.*, II, § 64. — Cod. Just., *De procur.*, L. 16. — Dig., *Mand.,* L. 5, §§ 3, 4. — Dig., *De except. rei vend.*, L. 1, § 2. — Dig., *De pign. act.*, L. 4.

(3) Cod. Just., *De adm. tut.*, L. 16.

(4) Instit. Just., II, 9, § 3.

mais le fait intellectuel devait être personnel au *paterfamilias* (1), sans qu'il fût d'ailleurs nécessaire qu'il ait su que son ordre avait été exécuté. — 2° Par exception, il acquérait la possession à son insu, lorsqu'il avait confié un pécule à son *alieni juris* (2). — Autre exception relative aux corporations (3). — 2° Fallait-il posséder l'*alieni juris* pour acquérir la possession par son intermédiaire (4)?

II. De l'acquisition de la propriété et de ses démembrements. — 1° La *cessio in jure* et l'*adjudicatio* étaient impossibles par l'intermédiaire d'un *alieni juris* (5). — 2° Par mancipation ou legs, l'*alieni juris* acquérait à son *paterfamilias* à l'insu de celui-ci et même malgré lui (6). — 3° L'*alieni juris* acquérait encore à son *paterfamilias* par occupation, tradition ou usucapion (7). — Puisque ces trois modes d'acquérir ont pour base la possession, pour savoir quand le *paterfamilias* acquérait, ne fallait-il pas se reporter aux principes ci-dessus exposés sur l'acquisition de la possession? — Spécialement en cas d'usucapion, considérait-on la bonne foi du *paterfamilias* ou celle de l'*alieni juris* (8)? — 4° L'*alieni juris* institué héritier ne rendait son *paterfamilias* héritier que s'il avait fait adition sur l'ordre de celui-ci (9).

§ 2. — Des personnes sur lesquelles le *paterfamilias* avait une puissance domestique partielle.

1° L'esclave qui était *in bonis* acquérait au propriétaire prétorien (10). — Aurait-il pu acquérir au maître qui avait sur lui *nudum jus Quiritium* (11)? — 2° L'esclave commun acquérait à chacun de ses maîtres proportionnellement à leur part dominicale. — Mais il pouvait acquérir intégralement à l'un d'eux dans certains cas (12). — 3° L'esclave soumis à un droit d'usufruit n'acquérait à l'usufruitier que *ex re fructuarii* ou *ex operis servi*. — Toute autre acquisition profitait au nu propriétaire. — L'esclave aurait-il pu acquérir à l'usufruitier en dehors des deux cas cités? — 4° Esclave d'autrui possédé de

(1) Paul, *Sent.*, V, 2, § 1.
(2) Dig., *De adq. vel amitt. poss.*, L. 1, § 5; L. 44, § 1.
(3) *Ibid.*, L. 1, § 22; L. 2.
(4) Dig., *De adq. vel amitt. poss.*, L. 1, §§ 8, 14, 15. — Gaii *Comm.*, II, § 90.
(5) Gaii *Comm.*, II, § 96. — *Fragm. Vat.*, § 51.
(6) Gaii *Comm.*, II, § 87. — Ulp., *Regl.*, XIX, §§ 18, 19.

(7) *Ibid.* — Gaii, § 89. — Dig., *De usurp.*, L. 47.
(8) Dig., *Pro empt.*, L. 2, §§ 11 à 13.
(9) Gaii *Comm.*, II, § 87.
(10) *Ibid.*, § 88.
(11) Gaii *Comm.*, III, § 166.
(12) Dig. *De adq. rer dom.*, L. 63, § 1; L. 45; L. 37, § 3; L. 17. — Dig., *De stip. serv.*, L. 5, L. 6.

bonne foi. — 5° Homme libre possédé de bonne foi (1). — 6° Esclave soumis à un droit d'usage (2).

§ 3. — Des personnes sur lesquelles le *paterfamilias* n'avait aucune puissance (*extraneæ personæ*).

I. De l'acquisition de la possession : — 1° Le fait corporel pouvait être accompli par une *extrana persona*. — Le fait intellectuel a toujours dû être accompli par celui qui devenait possesseur (3), sans qu'il fût d'ailleurs nécessaire qu'il ait su que son ordre avait été exécuté ; ce principe était admis longtemps avant Septime-Sévère, et la constitution de cet empereur n'a, selon nous, introduit aucune modification à la législation antérieure (4). — 2° Par exception, les corporations et autres personnes incapables de volonté pouvaient acquérir la possession par les administrateurs, tuteurs ou curateurs, bien qu'elles n'aient pas l'*animus sibi habendi* (5).

II. De l'acquisition de la propriété et de ses démembrements : — 1° On ne pouvait l'acquérir *per extraneam personam*. — 2° Cependant, lorsque l'acquisition de la propriété n'était qu'une conséquence de l'acquisition de la possession, la propriété pouvait être indirectement acquise *per extraneam personam* (6). — 3° Application de cette théorie — a) à l'occupation — b) à la tradition. — Pour que la propriété fût acquise au mandant, fallait-il tenir compte de l'intention du *tradens* (7) et de celle du mandataire (8)? — c) A l'usucapion. — A raison de la bonne foi exigée du possesseur en cette matière, l'usucapion ne commençait à courir que du jour où il savait que son ordre avait été exécuté (9).

(1) Inst. Just., II, 9, § 4. — Gaii Comm., II, §§ 91, 92, 93. — Dig., *De usufr.*, L. 21, L. 22.

(2) Dig., *De usu et hab.*, L. 14 pr.

(3) Dig., *De adq. vel amitt. poss.*, L. 42, § 1.

(4) Inst. Just., II, 9, § 5. — Cod. Just., *De adq. vel ret. poss.*, L. 1. — Dig., *De usurp.*, L. 41.

(5) Dig. *De adq, vel amitt. poss.* L. 1, *Ibid.*, §§ 20, 22; L. 2.

(6) Dig., *De adq. rer. dom.*, L. 20, § 2.

(7) *Ibid.*, L. 13. — Dig., *De furtis*, L. 43, § 1.

(8) Dig., *De adq. rer. dom.*, L. 37, § 6. — Dig., *De donat.*, L. 13.

(9) Dig., *De adq. vel amitt. poss.*, L. 49, § 2. — Dig., *De usurp.*, L. 47.

LIVRE DEUXIÈME

THÉORIE DES MODES D'ACQUISITION PER UNIVERSITATEM

(Inst. de Just., liv. II, tit. 10 à 25 ; — liv. III, tit. 1 à 12.)

———

GÉNÉRALITÉS

I. Définition des modes d'acquisition *per universitatem*. — 1º Ce sont ceux qui s'appliquaient à un patrimoine entier *(universitas juris)* ou à une part aliquote d'un patrimoine. — Ils opéraient donc en principe relativement à tous les éléments du patrimoine : actif (droits réels et droits de créance), et passif (dettes). — 2º De la maxime : *bona non intelliguntur nisi deducto ære alieno* (1). — 3º Dans l'ancien droit ils entraînaient en général transmission des *sacra privata* (2).

II. Qu'est-ce qu'une *successio?* — 1º Les Romains employaient le mot *successio* comme synonyme de *mode d'acquisition per universitatem* (3). — 2º Il y avait neuf *successiones* : a) La succession testamentaire *(hereditas et bonorum possessio)*, à laquelle Justinien a rattaché la théorie des legs et des fidéi-commis qui étaient des modes d'acquisition tantôt à titre particulier, tantôt *per universitatem*. — b) La succession ab intestat *(hereditas et bonorum possessio ab intestato)* ; — c) l'addiction pour le maintien des affranchissements ; — d) la *cessio in jure* d'une hérédité ; — e) l'adrogation ; — f) la *manus* ; — g) la *publicatio* et la *confiscatio ;* — h) la *dominica potestas ;* — i) la *sectio* et la *venditio bonorum*. — 3º Classification des *successiones* : — Les unes transféraient le patrimoine d'une personne morte, les autres d'une personne vivante. — Certains modes existaient encore dans le droit de Justinien, d'autres étaient abolis.

(1) Dig., *De verb. signif.*, L. 39, § 1.   (3) Gaii *Comm.*, III, §§ 77, 82.
(2) Cicer., *De leg.*, II.

PREMIER MODE

LA SUCCESSION TESTAMENTAIRE

(Inst. de Just., liv. II, tit. 10 à 25.)

TITRE PREMIER

GÉNÉRALITÉS

I. Définition de la succession testamentaire : — On nommait ainsi la transmission du patrimoine d'une personne morte à une ou plusieurs personnes vivantes, accomplie par la volonté du défunt manifestée dans la forme légale.

II. Définition du testament (1) : — 1° Les Romains le définissaient : *mentis nostræ justa contestatio, in id solemniter facta, ut post mortem nostram valeat*. — Ils oubliaient ainsi le caractère essentiel du testament, car *institutio heredis est caput et fundamentum totius testamenti* (2). — Le testament supposait donc la désignation d'un continuateur de la personne du défunt appelé à recueillir l'universalité de son patrimoine (*successor in universum jus quod defuntus habuit* (3). — L'institution d'héritier était si bien la base du testament, qu'en principe, lorsqu'elle tombait, toutes les autres dispositions testamentaires s'écroulaient avec elle. — 2° Si l'institué ne recueillait qu'en vertu des principes du droit civil, il était *heres;* s'il ne recueillait qu'en vertu des principes du droit Prétorien, il était *bonorum possessor;* s'il recueillait en vertu des principes des deux législations, il était à la fois *heres et bonorum possessor* (4). — 3° Quelles étaient les dispositions qu'un testament

---

(1) Inst. Just., II, 10, pr. — Dig., *Qui test. fac. poss.*, L. I; — Ulp., *Regl.*, XX, § 1.

(2) Inst. Just., **II, 20, § 34.**

(3) Dig., *De verb. signif.*, L. 24; L. 119.

(4) Inst. Just., III, 9, pr.

pouvait contenir outre l'institution d'héritier? — 5° Bien après le testament, la législation Romaine a connu les *codicilles*. — Ils étaient, comme le testament, des *contenants* de dispositions de dernière volonté, mais, quoi que avec le temps leur sphère d'activité se soit accrue, ils n'ont jamais pu contenir l'institution de l'héritier (1).

TITRE DEUXIÈME

DU TESTAMENT

CHAPITRE Ier

DES DISPOSITIONS QUI NE POUVAIENT ÊTRE CONTENUES QUE DANS
UN TESTAMENT

I

DE LA FORME DES TESTAMENTS

(Inst. de Just., liv. II, tit. 10 et 11.)

§ 1er. — De la forme ordinaire des testaments.

I. Droit civil : — 1° Testament fait *calatis comitiis*. — Ce testament était fait par une *lex curiata* (2), et sur l'avis des pontifes. — Le consentement du législateur était nécessaire parce qu'il s'agissait de déroger à la loi générale sur les hérédités ab intestat qui était considérée comme étant d'ordre public. — La loi spéciale faite pour une hérédité déterminée, s'appliquait naturellement à l'hérédité tout entière, d'où la maxime : *nemo partim testatus partim intestatus decedere potest*, qui a toujours persisté en droit Romain (3). — Cette manière de tester existait-elle encore à l'époque de la loi des XII Tables? — 2° Testament fait *per æs et libram*, c'est-à-dire par mancipation (Renvoi, p. 76). — *a*). Le testament devenait un acte privé,

(1) Inst. Just., II, 25, § 2.
(2) Gaii *Comm.*, II, § 101.— Ulp.,

Regl., XX, §2. —Inst. Just., II, 10, § 1.
(3) Dig., *De reg. jur.*, L. 7.

mais la substitution de cette forme à la précédente prouve que la mancipation était une loi fictive. — *b*) L'*emptor familiæ* fut d'abord l'héritier. Inconvénients de ce système. — Puis le testateur déclara à haute voix le nom de l'héritier (*nuncupatio*). — Puis il présenta aux témoins des tablettes scellées qui contenaient le nom de l'héritier et les autres dispositions testamentaires, ainsi qu'il le déclarait à haute voix (*nuncupatio*) (1). — 3° Testament nuncupatif. — Il consistait dans la déclaration du nom de l'héritier faite à haute voix devant sept témoins (2).

II. Droit prétorien : 1° Le préteur exigeait que le testament soit écrit (*Tabulæ testamenti*), qu'il soit présenté à sept témoins qui y opposaient leur sceau (*signum*) avec indication de leur nom (3). — 2° L'institué n'était que *bonorum possessor secundum tabulas*.

III. Droit du Bas-Empire : — 1° Le testament nuncupatif fut maintenu (4). — 2° Le *testamentum tripertitum* prit naissance. — Il empruntait ses règles à l'ancien droit civil, au droit prétorien et aux constitutions notamment quant à la nécessité de la *subscriptio* (5).

§ 2. — Des testaments dispensés des formes ordinaires.

1° Testament du militaire. — Dans l'ancien droit, le citoyen appelé à l'armée pouvait tester *in procinctu* (6). — Plus tard le testament du soldat fut dispensé de toute forme extérieure (7). — Qui a introduit cette exception et quel en était le motif (8)? — Quel était le sens technique du mot *miles* (9)? — Les militaires avaient des privilèges autres que celui qui tenait à la forme (10). — Justinien a restreint le privilège de forme et peut-être les privilèges de fond, au cas où le militaire était *in expeditione* (11). — 2° Autres testaments (12), notamment testament *inter liberos*.

(1) Gaii *Comm.*, II, §§ 103, 104. — Ulp., *Reyl.*, XX, §§ 2, 9. — Inst. Just., II, 10, § 1.

(2) Cod. Just., *De bon. poss. secund. tab.*, L. 2.

(3) Gaii *Comm.*, II, §§ 119, 120. — Ulp., *Reyl.*, XXVIII, § 6. — Inst. Just., II, 10, § 2.

(4) *Ibid.*, § 14.

(5) Cod. Just., *De testam.*, L. 21. — Inst. Just., II, 10, §§ 3, 4, 5, 12, 13.

(6) Gaii *Comm.*, II, § 101.

(7) Inst. Just., II, 11, pr., § 1.

— Cod. Just., *De test. mil.*, L. 17.

(8) Gaii *Comm.*, II, § 109. — Dig., *De test. mil.*, L. 1.

(9) Inst. Just., II, 11, pr., §§ 3, 4. — Cod. Just., *De test. mil.*, L. 17. — Dig., *De test. mil.*, L. 21, L. 26.

(10) Inst. Just., II, 11, §§ 2, 5, 6.

(11) Inst. Just., II, 11, pr. — Cod. Just., *De test. mil.*, L. 17.

(12) Dig., *De bon, poss. ex test. mil.* — Cod. Just., *De testam.*, L. 8 ; L. 21, § 1 : L. 31.

§ 3. — Des testaments soumis à des formes plus rigoureuses que les testaments ordinaires.

1° Testament de l'aveugle (1). — 2° Testament du sourd-muet (2).

§ 4. — De la capacité des témoins qui devaient figurer dans le testament.

1° Cette capacité (faction de testament) appartenait en principe aux citoyens Romains et aux Latins, mâles et pubères. — 2° Incapacités absolues (3). — Incapacités relatives (4). — 3° De la maxime *error communis facit jus* (5). — 4° A quel moment la capacité des témoins était-elle exigée (6) ?

II

DE LA CAPACITÉ DU TESTATEUR

(Inst. de Just., liv. II, tit. 12.)

I. Généralités : — 1° La capacité de tester (faction de testament active) formait à Rome l'exception : pour être capable, une concession spéciale du législateur était nécessaire (7). — 2° Distinction de la capacité *de droit* ou de jouissance, et de la capacité *de fait*, ou d'exercice. — 3° A quel moment était exigée la capacité, soit de droit, soit de fait ? — Époque de la confection du testament ? Les deux capacités étaient exigées. — Époque de la mort du testateur ? La capacité de droit était seule exigée. — Époque intermédiaire entre la confection et la mort ? Le droit civil exigeait la persistance de la capacité de droit ; le droit Prétorien en faisait abstraction, d'où la maxime : [*media tempora non nocent* (8).

II. Des incapables de droit : — 1° La capacité de droit n'avait été en règle concédée qu'aux seuls *patresfamilias*, d'où les quatre incapacités sui-

(1) Cod. Just., *Qui test. fac. poss.*, L. 8.

(2) *Ibid.*, L. 10.

(3) Inst. Just., II, 10, §§ 6, 7. — Ulp., *Regl.*, XX, § 8.

(4) Inst. Just., II, 10, §§ 8 à 11. — Gaii *Comm.*, II, §§ 105 à 108.

(5) Dig., *De test.*, L. 14, L. 15. — Dig., *Qui test. fac. poss.*, L. 18, § 1.

(6) Dig., *Qui test. fac. poss.*, L. 22, § 1.

(7) Dig., *Qui test. fac. poss.*, L. 3.

(8) Inst. Just., II, 17, § 6. — Dig., *De her. inst.*, L. 6, § 2.

vantes : — 2° Incapacité de l'esclave : — *a*) De l'esclave du peuple romain (1).
— *b*) Du citoyen romain fait captif de guerre (2) : — S'il avait testé à Rome,
le testament était valable : en cas de retour à Rome, en vertu de la fiction
du *postliminium;* en cas de mort chez l'ennemi, en vertu de la fiction de la
loi *Cornelia*. — S'il testait chez l'ennemi, le testament était nul, soit que le
testateur revînt à Rome, soit qu'il mourût chez l'ennemi. — 3° Incapacité du
Pérégrin. — S'il avait une *civitas certa*, il pouvait néanmoins tester d'après la
loi de sa cité, mais quel était l'effet de son testament ? — Pourquoi la loi
Junia-Norbana avait-elle pris le soin de déclarer qu'un Latin-Junien ne pouvait tester? (3). — 4° Incapacité du fils de famille. — Il finit par obtenir le
droit de tester sur son pécule castrans (4). — Puis sur son pécule quasi-castrans (5). — Cette concession n'a pas été étendue au pécule adventice (6).
— 5° Incapacité de la femme en tutelle : — Dans le très ancien droit,
la femme ne pouvait pas tester parce qu'elle n'était pas membre des
comices. — La loi des XII Tables semble avoir admis que l'affranchie pouvait tester avec l'*auctoritas* de son patron. — Les prudents s'emparèrent de
cette disposition pour permettre aux ingénues de tester en les plaçant *loco
libertinarum*. — Un Snc. rendu sous Adrien supprima la nécessité de ce dé-
tour (7). — Sous le Bas-Empire, l'abolition de la tutelle avait débarrassé les
femmes de la nécessité de l'*auctoritas*.

III. Des incapables de fait : — 1° Incapacité de l'impubère (8). — Il
était capable de droit, car son *paterfamilias* avait pu faire son testament
(Renvoi p. 122). — 2° Du fou (9). 3° Du prodigue (10). — 4° Du sourd (11). —
5° Du muet (12). — Ces trois dernières incapacités tiennent à ce que les personnes dont il s'agit ne pouvaient figurer dans une mancipation. — 6° *Quid*
de l'aveugle (13) ?

IV. Certaines personnes étaient en outre déclarées *intestabiles* à titre de
peine par le droit civil moderne, notamment les apostats et certains
hérétiques (14).

(1) Ulp, *Regl.*, XX, § 16.

(2) Inst. Just., II, 12, § 5.

(3) Ulp., *Regl.*, XX, § 14.

(4) Inst. Just., II, 12, pr.

(5) *Ibid.*, II, 11, § 6. — Cod. Just.,
Qui test. fac. poss., L. 12.

(6) *Ibid.*, L. 11.

(7) Cic., *Top.*, 4. Gaii *Comm.*, I,
§ 115 A. — *Ibid.*, II, §§ 118, 112. —
Ulp., *Regl.*, XX, § 16.

(8) Inst. Just., II, 12, § 1.

(9) *Ibid.*

(10) *Ibid.*, § 2.

(11) *Ibid.*, § 3.

(12) *Ibid.*

(13) *Ibid.*, § 4. — Paul, *Sent.*, III,
4, § 4.

(14) Cod. Just., *De apost.*, L.3. —
Ibid., *De hæret.*, L. 4, § 5.

III

DES PRÉCAUTIONS PRISES DANS L'INTÉRÊT DE LA FAMILLE DU DISPOSANT

(Inst. de Just., liv. II, tit. 13 et 18.)

SECTION Iʳᵉ. — Généralités.

1° La loi des XII Tables n'apportait aucune entrave à la liberté du testateur (1). — 2° Idée de l'*officium pietatis* (2). — 3° Introduction de la théorie de l'exhérédation : — Elle a son origine dans le droit non écrit, mais elle a été développée par le droit prétorien et par la loi *Junia-Velleia*. — Elle consistait à exiger que le *paterfamilias* qui n'instituait pas certains de ses descendants, déclarât expressément qu'il les excluait. — Elle trouvait son fondement juridique, dans ce principe que certains descendants étaient considérés comme co-propriétaires avec leur père du patrimoine de la *domus* (3). — 4° Introduction de la théorie de la plainte d'inofficiosité : — Elle a également son origine dans le droit non écrit complété par des constitutions impériales. — Elle consistait à autoriser certains parents, qui n'avaient pas reçu une part convenable de l'hérédité, à faire tomber le testament par une action appelée *querela de inofficioso testamento*. — On établit son fondement juridique sur cette idée que le testateur n'avait pas dû être absolument sain d'esprit (4). — 5° Le droit prétorien, complété par la loi *Papia Poppæa*, avait aussi accordé une réserve au patron (5).

SECTION II. — Théorie de l'exhérédation.

§ 1ᵉʳ — Des testateurs qui étaient tenus d'instituer ou d'exhéréder leurs descendants.

I. Droit civil : — 1° Descendants qui étaient sous la puissance paternelle du testateur et en ordre de lui succéder *ab intestat*, lors de la confection du testament : — *a*) Cas du fils : — L'exhérédation devait être nominative. — L'institution ne pouvait être conditionnelle que si elle était accompa-

---

(1) Ulp., *Regl.*, XI, § 14.
(2) Inst. Just., II, 18, pr.
(3) Dig., *De lib. et post.*, L. 11.

(4) Inst. Just., II, 18, pr. — Dig., *De inoff. test.*, L. 2 ; L. 3 ; L. 4.
(5) Inst. Just., III, 7, §§ 1, 2.

gnée d'une exhérédation sous la condition inverse, à moins que la condition ne fût potestative (1); encore fallait-il que la condition se réalisât du vivant du fils (2). — En cas de prétérition, le testament était *nullius momenti; quid* cependant si le fils mourait avant le testateur? — *b*) Cas de la fille ou des petits-enfants : — Ils pouvaient être exhérédés *inter cæteros;* — leur institution pouvait être simplement conditionnelle (3); — leur prétérition donnait seulement lieu au *jus adcrescendi* (4). — 2° Des postumes : — *a*) Sens exact du mot *postumus : posterus, posterior, postumus.* — *b*) Des postumes à la mort. — Danger spécial que présentait l'agnation de cette classe de postumes. — Les prudents les considérèrent fictivement comme nés lors de la confection du testament. — Pourquoi cette fiction était-elle nécessaire? — *c*) Des postumes Aquiliens, ou petits-enfants postumes à la mort (5). — *d*) Des postumes Velléiens, ou postumes à la confection du testament (6). — *e*) Des quasi-postumes Velléiens, ou petits-enfants nés lors de la confection du testament, mais précédés par leur père dans la famille (7). *f*) Des postumes Juliens, ou petits-enfants postumes à la confection du testament (8). — *g*) Tout postume mâle devait être exhérédé nominativement; le testateur devait faire un legs aux filles exhérédées *inter cæteros;* la rétérition d'un postume quelconque rendait le testament *nullius momenti* (9).

II. Droit Prétorien : — 1° Le préteur exigeait l'institution ou l'exhérédation de tous ceux qu'il appelait à la *bonorum possessio unde liberi* (10), c'est-à-dire non seulement des *sui heredes,* mais encore en principe de tous ceux qui l'eussent été si une *minima capitis deminutio* n'était pas intervenue. — Règles spéciales à l'adopté, soit à l'égard du père adoptif, soit à l'égard du père naturel (11). — 2°Le préteur déclarait que tous les mâles devaient être exhérédés nominativement. — 3° La prétérition d'une des personnes qui devaient être exhérédées ou instituées entraînait la rescision du testament à l'aide de la *bonorum possessio contra tabulas,* mais une constitution d'Antonin le Pieux réduisit les femmes (non postumes, bien entendu), au *jus adcrescendi* (12). — Quels étaient les effets de la *bonorum possessio contra tabulas?*

---

(1) Dig., *De her. inst.,* L. 86, pr.

(2) Dig., *De lib. et post.,* L. 28, pr.

(3) Dig., *De her. instit.,* L. 4, pr.

(4) Gaii *Comm.,* II, §§ 123 et suiv. — Ulp., *Regl.,* XXII, §§ 14 et suiv. — Inst. Just., II, 13, pr.

(5) Dig., *De liber. et post.,* L. 29, pr.

(6) Inst. Just., II, 13, § 1. — Dig., *De liber. et post.,* L. 29, §§ 11, 12.

(7) Inst. Just., II, 13, § 2. — Dig., *De liber. et post.,* L. 29, § 13.

(8) *Ibid.,* L. 29, §§ 15, 16.

(9) Ulp., *Regl.,* XXII, § 22. — Inst. Just., II, 13, § 1. — *Ibid.,* I, 13, § 4.

(10) Dig., *De bon. poss. contr. tab,* L, 1.

(11) Inst. Just., II, 13, §§ 3, 4. — Dig., *De bon. poss. contr. tab.,* L. 6, pr., § 2, L. 7.

(12) Gaii *Comm.,* II, §§ 125, 126, 129, 135. — Inst. Just., II, 13, § 3.

8

III. Droit de Justinien : — 1º Cet empereur a confirmé les principes
du droit Prétorien; mais il a été encore plus loin en exigeant que toute exhérédation fût nominative. — 2º Application à notre théorie de sa réforme en
matière d'adoption (1).

§ 2. — Des testateurs qui n'étaient pas tenus d'instituer ou d'exhéréder leurs descendants.

1º Le militaire (2). — 2º Les ascendants maternels (3).

SECTION III. — Théorie de la plainte d'inofficiosité.

I. Des conditions qui devaient se trouver réunies pour que celui qui attaquait le testament comme inofficieux pût triompher : — 1º Le demandeur
devait être parent du défunt d'un certain ordre (descendant sans se préoccu-
per de la *patria potestas*, ascendant, frère ou sœur, pourvu que l'institué fût
turpis persona) (4). — 2º Il devait être son *heres* ou son *bonorum possessor ab
intestat* (5). — 3º Il devait avoir été exhérédé ou omis sans cause (6). — Dans
le droit des Novelles, les causes légitimes d'exhérédation ou d'omission ont été
précisées par le législateur (7). — 4º Il devait n'avoir aucune autre voie pour
obtenir l'hérédité, la *querela* étant un *ultimum remedium* (8). — 5º Il devait
enfin ne pas avoir reçu du testateur une part convenable de l'hérédité : — a)
Système primitif : Le tribunal des centumvirs, devant lequel était portée
l'action, appréciait dans chaque espèce. — b) Système de la *quarte legitime*
introduit à l'imitation de la *quarte Falcidic*. — c) Système de l'*action en supplément* organisé par Constantin (9) : Si le testateur avait laissé quelque
chose sur la quarte, en ajoutant qu'elle serait complétée *boni viri arbitratu,* le
légitimaire, au lieu d'agir par la *querela*, qui faisait crouler le testament, ne
pouvait demander à l'institué que le complément de sa quarte. — d) Système
des Institutes de Justinien (10) : l'Empereur tint pour sous-entendue la clause
de complément *boni viri arbitratu.* — Comment se calculait la quarte (11)?

(1) Inst. Just., II, 13, § 5. — Cod.
Just., *De liber. præter.*, L. 4. — Cod.
Just., *De adopt.*, L. 10, pr., § 1.

(2) Inst. Just., 2, 13, § 6.

(3) *Ibid.*, § 7.

(4) Inst. Just., II, 18, § 1.

(5) Dig., *De inoff. testam.*, L. 6,
§ 1 ; L. 17, pr. ; L. 31, pr.

(6) Inst. Just., II, 18, pr.

(7) Nov. 115, C. 3, C. 4. — Nov. 22,
C. 47.

(8) Inst. Just., II, 18, § 2. — Dig.,
De inoff. test., L. 23, L. 8, § 15.

(9) Cod. Théod., *De inoff. test.*,
L. 4.

(10) Inst. Just., II, 18, § 3.

(11) *Ibid.*, § 6. — Paul, *Sent.*, IV,
5, § 6. — Dig., *De inoff. test.*, L. 25.
— Cod. Just., *De inoff. testam.*, L. 29;
L. 30, § 2 ; L. 35, §§ 1, 2.

Notamment on ne comprenait pas dans le calcul les biens donnés entre vifs par le testateur, mais les constitutions impériales finirent par permettre au légitimaire d'attaquer les donations inofficieuses par une action distincte (1). — Le légitimaire devait-il imputer sur la quarte ce qu'il avait reçu entre vifs du défunt? — Lorsqu'il y avait plusieurs légitimaires, quelle était la part de chacun d'eux dans la légitime (2)? — *Quid* si le testateur avait laissé sa légitime à l'un des légitimaires et ne l'avait pas laissée à l'autre (3)? — *e)* Système des Novelles 18 et 115 : — La légitime fut augmentée (4). — Elle dut être nécessairement laissée à titre d'héritier (5). — Lorsque le testament s'écroulait par suite de la *querela*, les legs, affranchissements, etc., étaient maintenus (6).

II. Comparaison de la plainte d'inofficiosité et de l'action en supplément. — Ces deux actions différaient : — 1° Quant à leur but. — 2° Quant à leur nature, car l'une était une action réelle (la pétition d'hérédité), l'autre une simple action personnelle ; de plus l'une était une sorte d'action d'injure, l'autre n'avait pas ce caractère. — 3° Quant à l'accroissement. — 4° Quant à leur extinction par ratification du testament (7). — 5° Quant à leur extinction par le laps de temps (8). — 6° Quant à leur transmissibilité aux héritiers (9). — 7°′Quant aux conséquences qu'entraînait pour le demandeur la perte du procès (10).

SECTION IV. — Théorie de la réserve du patron (*debita portio*).

1° D'après la loi des XII Tables, le patron n'avait droit à aucune réserve sur les biens de son affranchi (11). — 2° Le préteur lui accorda la *bonorum possessio contra tabulas* jusqu'à concurrence de moitié, à moins qu'un véritable descendant de l'affranchi ne se trouvât parmi les institués ou ne pût venir autrement à l'hérédité (12). — 3° La loi *Papia Poppæa*, dans ce cas, accorda une part virile au patron si l'affranchi laissait 100,000 sesterces ou plus et moins de trois enfants ; les règles variaient d'ailleurs suivant le sexe des

(1) Dig., *De leg.*, 2°, L. 87, § 3. — *Frag. vatic.*, §§ 280, 282. — Cod. Just., *De inoff. donat.*

(2) Inst. Just., II, 18, § 7.

(3) Dig., *De inoff. testam.*, L. 19.

(4) Nov. 18, C. I.

(5) Nov. 115, C. 3, pr.

(6) Nov. 115, C. 3, § 14; C. 4, § 8.

(7) Dig., *De inoff. testam.*, L. 31, § 4; L. 32. — Inst. Just., II, 18, § 4.

(8) Cod. Just., *De inoff. test.*, L. 16 ; L. 36, § 2.

(9) Dig., *De inoff. test.*, L. 6, § 2 ; L. 7.

(10) Paul, *Sent.*, IV, 5, § 10. — Inst. Just., II, 18, § 5.

(11) Gaii *Comm.*, III, § 40. — Inst. Just., III, 7, pr.

(12) Gaii *Comm.*, III, § 41. — Inst., Just., III, 7, § 1.

parties (1). — 4º Justinien distingua entre le cas où l'affranchi laissait plus ou moins de 100 sous d'or; dans le premier cas il accorda au patron une *bonorum possessio contra tabulas*, jusqu'à concurrence du tiers, à moins qu'il ne se trouvât en présence de descendants de l'affranchi institués ou pouvant venir autrement à l'hérédité (2).

IV

DE LA CAPACITÉ DE L'HÉRITIER

(Ulp., *Regl.*, XXII.)

SECTION Iʳᵉ. — De la capacité d'être institué.

I. Généralités : — 1º On entend par capacité d'être institué (faction de testament passive) (3), l'aptitude légale à être désigné comme héritier dans un testament. — 2º Le défaut de capacité d'être institué entraînait la nullité du testament lorsqu'il n'y avait qu'un institué ou que tous les institués étaient incapables, car si un seul des institués était capable, il y avait lieu à accroissement (Renvoi p. 120). — 3º Cette capacité devait exister lors de la confection du testament, lors du décès du testateur ou de l'événement de la condition, et lors de l'adition d'hérédité; *quid* des deux époques intermédiaires (4)? — La nécessité de la capacité à la première époque ne peut s'expliquer que par cette circonstance que le testament se faisait autrefois par mancipation. — 4º En principe, pouvaient et pouvaient seuls être institués les citoyens Romains (5) et leurs esclaves (6). — Cependant les *Latins-Juniens* (7) et probablement tous les pérégrins qui avaient obtenu le *jus commercii*, pouvaient être institués.

II. Des citoyens Romains : — Parmi les citoyens Romains, certaines personnes ne pouvaient être instituées : — 1º Epoque classique. — *a*) Incapacité de la femme (loi *Voconia*) (8). — *b*) Des personnes incertaines (9).

---

(1) Gaii *Comm.*, III, §§ 42 à 53. — Inst. Just., III, 7, § 2.

(2) Inst. Just., III, 7 § 3. — Cod. Just., *De bon. libert.*, L. 4.

(3) Ulp., *Regl.*, XXII, § 2.

(4) Inst. Just., II, 19, § 4.

(5) Ulp., *Regl.*, XXII, § 2.

(6) Inst. Just., II, 14, pr.

(7) Ulp., *Regl.*, XXII, § 3.

(8) Gaii *Comm.*, II, § 274.

(9) Ulp., *Regl.*, XXII, § 4. — Inst Just., II, 14, § 12.

— *c*) Des corporations (1), sauf les concessions spéciales faites à certaines cités ou à certains collèges de prêtres. — *d*) Des postumes. — Le droit civil distinguait entre les postumes siens et les postumes externes. — Le droit Prétorien admettait l'institution de tous les postumes (2); l'institué n'était alors que *bonorum possessor secundum tabulas*. — 2° Époque de Justinien : — *a*) Toutes les incapacités précédentes avaient disparu (3). — *b*) Incapacité des fils de condamnés pour crime de lèse-majesté (4). — *c*) Incapacité des hérétiques et des apostats (5).

III. Des esclaves : — 1° De l'esclave du testateur : — Il ne pouvait être institué qu'à la condition d'être affranchi par le testament, de manière à devenir Romain. — Sous Justinien, l'affranchissement résultait tacitement de l'institution; mais il devait toujours être possible (6). — Pour affranchir vablement son esclave, le testateur devait en être propriétaire au moment de la confection du testament (7) — Donc si le testateur avait déclaré affranchir et instituer l'esclave d'autrui, l'affranchissement et l'institution étaient nuls, quoique l'esclave fût devenu la propriété du testateur au moment du décès de celui-ci (8). — *Quid* si l'institution était pure et l'affranchissement conditionnel ou réciproquement (9)? — L'aliénation ou l'affranchissement entre vifs de l'esclave par le testateur rendaient l'affranchissement testamentaire inutile, mais l'institution était maintenue. — 2° De l'esclave d'autrui : — Il pouvait être institué lorsque son maître avait lui-même faction de testament (10). — Pouvait-on instituer l'esclave d'une hérédité jacente (11)? — 3° De l'esclave commun. — *a*) Du cas où l'esclave était institué par l'un de ses maîtres sans liberté. — *b*) Du cas où l'esclave était institué par l'un de ses maîtres avec liberté (12). — Réforme de Justinien (13). — 4° De l'esclave soumis à un droit d'usufruit : — *a*) Du cas où l'esclave était institué par le nu propriétaire (14). — Réforme de Justinien (15). — Du cas où l'esclave était institué par l'usufruitier (16). — 5° Du principe : *ambulat cum dominio servi*

---

(1) Ulp., *Regl.*, XXII, §§ 5, 6.

(2) Inst. Just., II, 20, §§ 26, 27, 28.

(3) Inst. Just., II, 20, § 27.

(4) Cod. Just., *Ad leg. Jul. majest.*, L. 5, § 1.

(5) Cod. Just., *De apost.*, L. 3. — Cod. Just., *De her.*, L. 4, § 2.

(6) Inst. Just., II, 14, pr. — Ulp., *Regl.*, XXII, §§ 7, 8.

(7) Gaii *Comm.*, II, § 196.

(8) Dig., *De her. inst.*, L. 49, pr.

(9) *Ibid.*, L. 21, § 1 ; L. 22 ; L. 3, § 1.

(10) Ulp., *Regl.*, XXII, § 9.

(11) Inst. Just., II, 14, § 2. — Dig., *De her. instit.*, L. 31, § 1.

(12) Ulp., *Regl.*, I, § 18. — *Ibid.*, XXII, § 10.

(13) Inst. Just., II, 7, § 4. — Cod. Just., *Comm. serv. manum.*, L. 1.

(14) Ulp., *Regl.*, I, § 19.

(15) Cod. Just., *Comm. de manum.*, L. 1.

(16) *Ibid.*

hereditas (1). — L'espoir de l'hérédité suivait donc l'institué dans les diverses positions qu'il pouvait traverser : s'il était aliéné, il acquérait l'hérédité au maître sur l'ordre duquel il faisait adition; s'il était affranchi, il l'acquérait pour lui-même tantôt comme héritier nécessaire, tantôt comme héritier externe (2). (Renvoi p. 125.)

SECTION II. — De la capacité de *capere hereditatem*.

I. Généralités. — 1° Il y avait à Rome des personnes capables d'être instituées et qui ne pouvaient cependant *capere hereditatem*, à moins d'acquérir à une époque déterminée une qualité qui leur manquait. — 2° Le but du législateur en les frappant de cette incapacité était précisément de les pousser à acquérir la qualité dont il s'agit. — 3° Ce système a été introduit par les lois *Julia* et *Papia Poppœa*, dites *lois caducaires*. — La loi *Junia Norbana* n'en avait-elle pas cependant posé le principe? — 4° Pour obtenir le *jus capiendi*, il suffisait que l'institué acquit la qualité voulue au plus tard dans les cent jours qui suivaient l'ouverture des tablettes du testament ou l'événement de la condition (3). — 5° Le défaut complet de capacité à cette époque entraînait la nullité du testament lorsqu'il n'y avait qu'un institué ou que tous les institués étaient incapables (4), mais si l'institué ou l'un des institués pouvait recueillir une part quelconque d'institution, les lois caducaires opéraient dévolution des autres parts au profit de certaines personnes qu'elles désignaient. (Renvoi p. 120.)

II. Époque classique : — 1° Les personnes frappées de l'incapacité de *capere hereditatem* étaient : — Les Latins-Juniens, — les *cœlibes*, — les *orbi*, pour moitié — les *solitarii patres* pour une part inconnue. — Règles spéciales aux époux (théorie des décimes) (5). — 2° La loi exceptait de plusieurs des incapacités qui viennent d'être énumérées les personnes auxquelles elle conférait la *solidi capacitas* (notamment à raison de l'âge ou de la cognation) (6).

III. Époque de Justinien : — 1° Toutes les incapacités qui viennent d'être indiquées étaient abolies (7). — 2° Cependant, l'incapacité du deuxième

---

(1) Dig., *De bon. poss. sec. tabul.*, L. 2, § 9. — Inst. Just., II, 14, § 1, § 3.

(2) Inst. Just., II, 14, § 1.

(3) Ulp., *Regl.*, XXII, § 3; XXIV, § 31. — Dig., *De her. inst.*, L. 62. — Dig. *De leg.* 2°, L. 52.

(4) Gaii *Comm.*, II, § 144.

(5) Ulp., *Regl.*, XIII à XVIII. — *Ibid.*, XXII, § 3. — Gaii *Comm.*, I, § 23. — Gaii *Comm.*, II, §§ 110, 111, 275, 286.

(6) Ulp., *Regl.*, XVI; *Fragm. Vat.*, §§ 216 et seq.

(7) Cod. Just., *De inf. pœn. cœl.*, L. 1., L. 2. — Cod. Just., *De cad. toll.*

conjoint, lorsqu'il existait des enfants du premier lit (1), et l'incapacité des *liberi naturales*, lorsqu'il existait des enfants légitimes (2), présentaient une certaine analogie avec l'incapacité de *capere*.

V

DES INSTITUTIONS D'HÉRITIER

(Inst. de Just., liv. II, tit. 14. 15, 16.)

SECTION Ire. — Généralités.

1° Définition de l'institution d'héritier : — C'était la disposition par laquelle le testateur désignait le *successor in universum jus* qu'il voulait avoir pour continuateur de sa personne. — 2° Distinction de l'institution et de la substitution. — Une substitution était une institution placée sous une autre. — 3° Des diverses espèces de substitutions.

SECTION II. — De l'institution proprement dite.

I. De la forme de l'institution : — 1° A l'époque classique, l'institution devait être faite au moyen d'une des formules consacrées et être placée en tête du testament (3). — 2° Sous Justinien, il n'en n'était plus ainsi (4).

II. Comment le testateur pouvait diviser son hérédité : — 1° En principe, le testateur pouvait choisir autant d'héritiers qu'il le voulait et leur assigner des parts comme il le voulait (5). — 2° Mais il devait observer la maxime *nemo partim testatus, partim intestatus decedere potest* (6). — Qu'arrivait-il donc lorsque le testateur n'avait disposé que d'une part aliquote de son hérédité, ou lorsqu'il avait fait une institution *ad rem certam*? — En principe on supprimait la mention de la part ou de la *res certa*, tout en

---

(1) Cod. Just., *De secund. nupt.*, L. 6.
(2) Cod. Just., *De natur. lib.*, L. 2. — Nov. 89, c. 12.
(3) Gaii *Comm.*, II, §§ 116, 117, 229, 231. — Ulp., *Regl.*, XXI., — Dig., *De her. inst.*, L. 1.

(4) Cod. Just., *De testam.*, L. 15, L. 24.
(5) Inst. Just., II, 14, § 4.
(6) *Ibid.*, § 5. — Dig., *De reg. jur.*, L. 7.

donnant autant que possible effet à la volonté du testateur (1). — N'y avait-il pas des cas dans lesquels le testateur mourait partie testat, partie intestat, malgré la maxime (2)? — Privilège des militaires (3). — 3º Des procédés auxquels on était dans l'usage d'avoir recours pour assigner à chaque héritier sa part : — Idée du système des poids et mesures à Rome. - - Du cas où le testateur avait assigné une part à chaque institué. — Du cas où le testateur n'avait assigné de part à aucun des institués. — Du cas où le testateur avait assigné des parts à certains institués et n'en avait pas assigné aux autres (4).

III. Du droit d'accroissement : — 1º Époque antérieure aux lois caducaires : — La théorie de l'accroissement était dominée par la maxime *nemo partim testatus* (5). — L'accroissement était forcé, sans charges (6). — Cependant un rescrit de Septime Sévère, qui décidait que le substitué recueillerait l'institution avec les charges, fut ensuite étendu au cas d'accroissement (7). — 2º Époque des lois caducaires : — a) *Pro non scriptis :* Ce sont les parts d'institution qui étaient frappées de nullité dès l'époque de la confection du testament. — Les lois caducaires n'innovèrent pas relativement aux parts *pro non scriptis* (8). — b) *Caduca :* Ce sont les parts d'institution qui n'étaient enlevées aux institués qu'en vertu des lois caducaires, c'est-à-dire qu'en vertu des incapacités de *capere* qu'elles créaient, ou même en vertu des principes de l'ancien droit lorsque la cause de nullité s'était produite entre le décès du testateur et l'*apertura tabularum*. — Les *caduca* furent attribués à titre de récompense de leur paternité aux *cohœredes conjuncti patres* (9), à leur défaut aux autres héritiers *patres*, à leur défaut aux légataires *patres*, enfin à l'*ærarium*. — L'acquisition des caduques était volontaire, avec charges. — Quant aux *solidi capaces*, ils n'étaient pas punis et avaient en conséquence le *jus capiendi*, mais ils n'étaient pas récompensés et n'avaient pas dès lors le *jus caduca vindicandi* (10). — c) *In causa caduci :* Ce sont toutes les parts d'institution qui étaient enlevées aux institués en vertu des principes de l'ancien droit, pour une cause postérieure à la confection du testament. — Les lois caducaires avaient assimilé les *in causa caduci* aux *caduca*, sauf le droit d'accroissement réservé aux personnes qui avaient le *jus antiquum*

(1) Dig., *De her. inst.*, L. 1, § 4; L. 9, § 13; L. 35. — Cod. Just., *De her. inst.*, L. 13.

(2) Dig., *De inoff. testam.*, L. 15, § 2.

(3) Inst. Just., II, 14, § 5.

(4) *Ibid.*, §§ 5 a 8.

(5) Dig., *De her. inst.*, L. 63.

— Dig., *De verb. signif.*, L. 142.

(6) Paul, *Sent.*, III, 6, § 12. — Dig., *De leg.* 2º, L. 29, § 2.

(7) Dig., *De leg.* 2º, L. 61, § 1.

(8) Dig., *De his quæ pro non script.*

(9) Dig., *De verb. signif.*, L. 142.

(10) Ulp., *Regl.*, XVII. — Cod. Just., *De cad. toll.*

(ascendants et descendants jusqu'au troisième degré) (1). — *d*) *Ereptoria* (2).
— Ce sont les parts d'institution arrachées aux institués pour cause d'indignité. — Les lois caducaires avaient-elles assimilé les *ereptoria* aux *caduca?*
— 3° Époque de Justinien : — La théorie des lois caducaires était abrogée. —
L'Empereur revint à peu près aux anciens principes sur l'accroissement. —
L'accroissement était forcé et en règle avec charges (3).

IV. Des modalités de l'institution : — 1° De la condition (4) : — Condition *a qua* ou *ad quam*. Pourquoi l'institution ne pouvait-elle être faite sous cette dernière modalité? — Condition potestative, casuelle ou mixte (5). —
Condition positive ou négative. Qu'est-ce que la caution Mucienne (6)? — Condition possible ou impossible. Quand la condition était impossible, on la supprimait en principe; cette opinion, controversée entre les deux écoles en matière de legs, au moins quand la condition était positive, l'était-elle en matière d'institution d'héritier (7)? — Condition licite ou illicite. On supprimait également la condition illicite. — Conditions conjointes ou séparées (8).
— 2° Du terme : — Terme *a quo* ou *ad quem*. Pourquoi l'institution ne pouvait-elle être faite sous la modalité du terme (9)? — Terme certain ou incertain;
de la règle *Dies incertus in testamento conditionem facit* (10), par suite de laquelle l'institution pouvait être faite sous la modalité d'un *dies a quo* incertain.

SECTION III. — De la substitution vulgaire.

I. Généralités : — 1° Définition de la substitution vulgaire : — On nommait ainsi une institution faite sous cette condition négative : si l'institué ou le substitué antérieur ne recueille pas l'hérédité. — 2° Quelle est son origine? — 3° Quelle était son utilité? — Pourquoi Justinien conseille-t-il au testateur de substituer son esclave au dernier degré (11)? — 4° D'où vient à cette substitution le nom qu'elle portait?

II. — La substitution vulgaire était une institution d'héritier. — Conséquences (12).

(1) Ulp., *Regl.*, XVIII.
(2) *Ibid.*, XIX, § 17.
(3) Cod. Just., *De cad. toll.*
(4) Inst. Just., II, 14, § 9.
(5) Dig., *De cond. inst.*, L. 3, L. 11.
(6) Dig., *De cond. et demonstr.*, L. 7, pr.
(7) Gaii *Comm.*, III, § 98. — Inst. Just., II, 14, § 10. — Dig., *De her. inst.*, L. 50, § 1.

(8) Inst. Just., II, 14, § 11.
(9) *Ibid.*, § 9.
(10) Dig., *De cond. et demonstr.*, L. 75.
(11) Inst. Just., II, 15, pr. — *Ibid.*, I, 6, § 1. — Gaii *Comm.*, II, § 174. — Dig., *De her. inst.*, L. 57.
(12) Dig., *De vulg. et pupill. substit.*

III. — Des diverses manières dont une substitution vulgaire pouvait être faite et spécialement de la substitution faite *invicem* (1). — Quelle pouvait être l'utilité de cette dernière substitution en présence du droit d'accroissement : — Utilité sous l'empire des lois caducaires ? Elle permettait aux personnes qui avaient le *jus capiendi* sans avoir le *jus caduca vindicandi*, d'écarter le privilège des *patres*. — Indépendamment des lois caducaires ? Elle permettait au testateur de faire un autre règlement des parts ; de plus, si l'un des institués mourait avant d'avoir fait adition, ou répudiait, la dévolution de sa part n'avait lieu qu'au moment de son décès ou de la répudiation, c'est-à-dire de l'événement de la condition qui ouvrait la substitution.

IV. — De la maxime *substitutus substituto, substitutus instituto* (2). — Quelle est la distinction que le texte rejette ? — Quelle était l'utilité de la maxime sous l'empire des lois caducaires ? Le substitué du substitué recueillait la part de l'institué quoiqu'il n'eût que le *jus capiendi* à l'exclusion des *patres*. — Indépendamment de ces lois ? Il recueillait la part de l'institué à l'exclusion des autres institués.

V. En principe, lorsque l'institué venait à l'hérédité, le substitué en était exclu pour le tout. — Cependant il pouvait arriver que le substitué vînt concourir avec l'institué : Cas où l'institution avait été faite avec crétion sans exhérédation (3) ; cas de l'erreur sur la qualité d'esclave de l'institué (4); cas de l'institution d'un esclave commun (5). — Bien mieux, il pouvait se faire que le substitué recueillît toute l'hérédité, malgré la présence de l'institué : Esclave institué par son maître insolvable (6) ; institué mineur de 25 ans qui obtenait la *restitutio in integrum* lorsque le substitué était l'esclave du testateur insolvable (7).

SECTION IV. — De la substitution pupillaire.

I. Généralités : — 1° Définition de la substitution pupillaire : — C'était l'institution d'héritier que faisait un *paterfamilias*, accessoirement à son propre testament, pour le compte de son *filiusfamilias*, en prévision du cas

---

(1) Inst. Just., II, 15, §§ 1, 2. — Dig., *De vulg. et pup.*, L. 23, L. 45, § 1. — Dig., *De adq. vel omitt. her.*, L. 35 ; L. 80, § 2. — *De suis*, L. 9.

(2) Inst. Just., II, 15, § 3. — Dig., *De vulg. et pup.*, L. 41, pr.

(3) Gaii *Comm.*, II, § 177. — Ulp., *Regl.*, XXII, § 34.

(4) Inst. Just., II, 15, § 4. — Dig., *De her. inst.*, L. 40, L. 41.

(5) Dig., *De vulg. et pupill.*, L. 48.

(6) Dig., *De her. inst.*, L. 57.

(7) Dig., *De minor. XXV ann.*, L. 7, § 10.

où celui-ci mourrait *sui juris* et *impubère*, c'est-à-dire pupille. — 2º Quelle est son origine (1)? —3º Quelle était son utilité? — 4º D'où lui vient son nom? — On l'appelait aussi *pupillare testamentum* (2), ou substitution au second cas (3) lorsque la substitution était double (4).

II. La substitution pupillaire ne pouvait être faite que par l'ascendant qui avait l'impubère sous sa *patria potestas* à l'époque de la substitution et à l'époque de son décès, et que sa mort devait rendre *sui juris* (5). — Exceptions relatives aux postumes siens réputés nés lors de la confection du testament (6). — Exception en sens inverse relativement à l'adrogeant (7).

III. La substitution pupillaire était une institution d'héritier. — Conséquences (8). — Notamment si la substitution était faite après le testament du *paterfamilias*, elle devait être revêtue des formes extérieures d'un testament ; mais, contenue dans le même acte, il suffisait que ces formes aient été observées une seule fois (9). — Celui qui aurait été héritier nécessaire du père, était substitué nécessaire (10).

IV. Des diverses manières dont une substitution pupillaire pouvait être faite : — 1º Substitution avec institution ou avec exhérédation du pupille (11). — La première forme fut d'abord seule autorisée. — 2º Substitution pour chaque enfant ou pour le dernier mourant d'entre eux (12). — 3º Substitution expresse ou tacite (13). — Pour comprendre cette dernière, il faut supposer l'impubère institué, et le *paterfamilias* lui ayant donné un substitué vulgaire; celui-ci était présumé substitué pupillairement. — La réciproque était vraie. — 4º Substitution nominative ou générale (14). — La première supposait le substitué nominativement désigné, la seconde était ainsi conçue : *quisquis mihi heres erit, idem filio impuberi mortuo heres esto.*

V. La substitution pupillaire devait-elle être considérée comme n'étant qu'une partie de l'hérédité du *paterfamilias*, ou comme étant une hérédité distincte? — A l'origine, il paraît certain que le premier système fut seul admis; mais à l'époque classique une nouvelle doctrine s'était produite,

(1) Inst. Just., II, 16, pr.
(2) *Ibid.*, § 5.
(3) Cod. Just., *De impub. et aliis subst.*, L. 8.
(4) Dig., *De vulg. et pupill.*, L. 1, § 1.
(5) Inst. Just., II, 16, § 9.
(6) Dig., *De vulg. et pupill.*, L. 2.
(7) *Ibid.*, L. 10, § 6.
(8) *Ibid.*, L. 20. — Inst. Just., II, 16, § 3.
(9) Dig., *De vulg. et pupill.*, L. 16, § 1 ; L. 20.
(10) *Ibid.*, L. 10, § 1. — L. 48, § 2.
(11) Inst. Just., II, 16, § 4.
(12) *Ibid.*, § 6.
(13) Dig., *De vulg. et pupill.*, L. 4. pr.
(14) Inst. Just., II, 16, § 7.

et la question était controversée par les jurisconsultes romains. — Conséquences pratiques des deux systèmes (1).

VI. Comment s'éteignait la substitution pupillaire (2) : — 1° Extinction
accessoire, c'est-à-dire comme conséquence de la chute du testament paternel; — 2° Extinction principale.

VII. Privilège des militaires (3).

SECTION V. — De la substitution quasi-pupillaire ou exem-
plaire.

1° Définition de la substitution quasi-pupillaire : — C'était celle que
Justinien a permis à un ascendant de faire pour le compte de son descendant fou. — 2° Quelle est son origine ? — 3° Différences fondamentales entre
la substitution quasi-pupillaire et la substitution pupillaire (4) : — Le droit
de faire la substitution n'était plus ici la conséquence de la *patria potestas*.
— Le choix du substitué quasi-pupillaire n'était pas absolument libre pour
l'ascendant.

VI

DE L'ACCEPTATION ET DE LA RÉPUDIATION DE L'HÉRÉDITÉ

(Inst. de Just., liv. II. tit. 19.)

SECTION Iʳᵉ. — Généralités.

1° Gaius (5) et Justinien (6) distinguent trois classes d'héritiers testamentaires : les nécessaires, les siens et nécessaires, les externes. — 2° N'est-
il pas vrai, cependant, qu'il n'en existe que deux au point de vue qui va nous
occuper : les nécessaires, qui étaient héritiers *sive velint sive nolint*, les externes
qui n'étaient héritiers que *si velint*. — Il était donc absolument indifférent,

(1) Dig., *De vulg. et pupill.*, L. 10,
pr. — Dig., *De adq. vel amitt. her.*,
L. 42, L. 59. — Dig., *De reb. auct.
judic.*, L. 28.

(2) Inst. Just., II, 16, §§ 5, 8. —
Dig., *De vulg. et pupill.*, L. 28, L. 40.

(3) *Ibid.*, L. 2, § 1; L. 10, § 5;

L. 15. — Dig., *De mil. test.*, L. 41,
§§ 4, 5.

(4) Inst. Just., II, 16, pr. — Dig.,
De vulg. et pupill., L. 43. pr. — Cod.
Just., *De impub. et aliis subst.*, L. 9.

(5) Gaii *Comm.*, II, § 152.

(6) Inst. Just., II, 19, pr.

dans cette matière, que l'institué fût ou ne fût pas sien et cela même au point de vue du droit prétorien (1). — 3° La division des héritiers testamentaires en nécessaires et externes n'était-elle pas exclusivement tirée de cette circonstance que l'institué était ou n'était pas sous la puissance domestique du testateur ?

SECTION II. — Des héritiers nécessaires.

§ 1er. — Des personnes sous la *dominica potestas* du testateur.

I. Droit civil : — 1° Pour être héritier nécessaire, l'esclave devait recevoir la liberté et l'hérédité à la fois en vertu du testament (2), et c'est ce qui arrivait en principe lorsque, valablement institué par son maître (Renvoi p. 117), il était sous sa *dominica potestas* exclusive au moment du décès de celui-ci, ou en position d'y être encore lors de l'événement de la condition, si l'institution était conditionnelle. — 2° Donc : *a*) — Lorsque l'institution était conditionnelle, si après la mort du maître et avant l'arrivée de la condition, l'esclave devenait libre à titre de récompense, il n'était pas héritier nécessaire (3). — *b*) Si l'esclave était libre ou sous la puissance d'un autre maître lors du décès du testateur, l'institué était héritier externe (4). — *c*) Mais si le testateur avait affranchi et institué son esclave, puis qu'il l'ait aliéné, puis que l'esclave se trouvât de nouveau sous la puissance du testateur lors du décès de celui-ci, l'esclave était héritier nécessaire (5).

II. Droit prétorien : — Le préteur permettait à l'esclave héritier nécessaire d'invoquer le bénéfice de *séparation des patrimoines*. — 2° *Jure prætorio*, l'héritier nécessaire avait donc à choisir entre deux partis : s'immiscer ou demander la séparation (6).

§ 2. — Des personnes sous la *patria potestas* du testateur.

I. Droit civil : — A. Quand le *filiusfamilias* était-il héritier nécessaire ? — 1° En principe, il suffisait qu'il fût sous la puissance paternelle du testateur au moment de la mort de celui-ci, ou en position d'y être encore lors de l'événement de la condition, si l'institution était conditionnelle (7). — 2° Donc : *a*) Lorsque l'institution était conditionnelle, si après la mort du testateur

(1) Gaii *Comm.*, II, § 160.
(2) Inst. Just., II, 19, § 1. — Gaii *Comm.*, II, §§ 153, 154. — Dig., *De her. inst.*, L. 90.
(3) Dig., *De her. inst.*, L. 90.
(4) Inst. Just., II, 14, § 1.

(5) Dig., *De her. inst.*, L. 50, pr.
(6) Inst. Just., II, 19, § 1. — Gaii *Comm.*, II, § 155. — Dig., *De separ.*, L. 1, § 18.
(7) Inst., Just. II, 19, § 2. — Gaii *Comm.*, II, § 156.

et avant l'événement de la condition, l'institué se donnait en adrogation, il n'était pas héritier nécessaire (1). — *b)* Le petit-fils précédé par son père dans la famille et institué héritier par l'aïeul était personnellement héritier nécessaire, quoiqu'il ne fût pas sien, et c'est pour cela que son père, qui acquérait l'hérédité de son chef, était héritier nécessaire (2). — *c)* Si le fils de famille institué par son *paterfamilias* était *sui juris* ou sous la puissance d'un autre *paterfamilias* lors du décès du testateur l'institué était heritier externe. — *d)* Si le testateur avait institué une *extranea persona*, et que l'institué se trouvât *filiusfamilias* du testateur lors du décès de celui-ci, les jurisconsultes qui considéraient le testament comme n'étant pas rompu, admettaient que l'institué était héritier nécessaire. — B. Quand le *filiusfamilias* était-il héritier sien? — *a)* Pour être héritier sien, il ne suffisait pas d'être sous la *patria potestas* du testateur au moment de son décès, il fallait de plus être en position de lui succéder *ab intestat*, c'est-à-dire n'être précédé par personne dans la famille (3). — *b)* Pourquoi les Romains appelaient-ils les personnes dont nous venons de parler *sui heredes* (4)?

II. Droit prétorien : — 1° Le préteur permettait *au filiusfamilias*, héritier nécessaire, qu'il fût sien ou non, quoi qu'en dise Ulpien (5), d'invoquer le *bénéfice d'abstention* (6). — Ce bénéfice était plus avantageux que le bénéfice de séparation à plusieurs points de vue. — 2° *Jure prætorio*, le *filiusfamilias* héritier nécessaire, avait donc à choisir entre deux partis: s'immiscer ou s'abstenir.

§ 3. — Des personnes sous la *manus* du testateur.

I. Droit civil : — La femme *in manu* avait la qualité d'héritier nécessaire ou d'héritier sien, dans les mêmes cas que le *filiusfamilias.*

II. Droit prétorien : — Elle pouvait invoquer le bénéfice d'abstention (7).

§ 4. — Des personnes sous le *mancipium* du testateur.

I. Droit civil : — La personne *in mancipio* avait la qualité d'héritier nécessaire dans les mêmes cas que l'esclave. — Jamais elle ne pouvait avoir la qualité d'héritier sien.

II. Droit prétorien : — Elle pouvait invoquer le bénéfice d'abstention (8).

(1) Dig., *De liber. et post.*, L. 20.
(2) Dig., *De adq. vel amitt. her.*, L. 6, §§ 5, 6.
(3) Inst. Just., II, 19, § 2. — Gaii *Comm.*, II, § 156.
(4) Dig., *De liber. et post.*, L. 11. — Dig., *De bon. damn.*, L. 7, pr. —

Gaii *Comm.*, II, § 157.
(5) Ulp., *Regl.*, XXII, § 24.
(6) Inst. Just., II, 19, § 2. — Gaii *Comm.*, II, § 158.
(7) Gaii *Comm.*, II, § 159.
(8) *Ibid.*, § 160.

SECTION III. — Des héritiers externes.

I. Quand un héritier était-il externe (1) ? Il suffit de dire que de droit commun l'héritier était externe.

II. Du délai accordé à l'héritier pour délibérer : — 1° Dans l'ancien droit, il fallait distinguer entre le cas où le testateur avait fait l'institution avec *crétion*, c'est-à-dire en fixant lui-même le délai de la délibération, et le cas où il l'avait faite sans *crétion*, hypothèse dans laquelle le préteur fixait un délai sur la demande des intéressés. — La crétion pouvait être vulgaire ou continue, avec ou sans exhérédation (2). — Dans le droit de Justinien, l'usage de la crétion avait disparu ; ce prince a réglementé à nouveau le délai à fixer par le magistrat ou par l'Empereur (3). — 2° Pendant que l'héritier délibérait, l'hérédité était jacente. — On avait fini par admettre qu'elle représentait la personne du défunt (4). — Dans des cas exceptionnels, l'hérédité pouvait être jacente quoique l'héritier fût nécessaire (5).

III. De l'adition d'hérédité : — 1° Quel est le sens des mots *aditio hereditalis*? — 2° L'adition se faisait *cretione* (deuxième sens du mot), *nuda voluntate*, ou *re* (*pro herede gerendo*) (6) ; le premier mode avait disparu sous le Bas-Empire (7). — 3° Conditions requises pour que l'adition fût valable. — *Quid* notamment si l'institué était un pupille ? — 4° L'adition avait-elle un effet rétroactif au jour du décès du testateur ? La négative a fini par être admise, croyons-nous, malgré la présence de textes en sens contraire aux Pandectes (8).

IV. De la répudiation de l'hérédité : — 1° La répudiation se faisait *nuda voluntate*, *re* ou *tempore* (9). — Pas de difficulté relativement à ce dernier mode lorsque l'institution avait eu lieu avec crétion et exhérédation ; *quid* si elle avait eu lieu sans exhérédation ? *Quid* si le délai avait été fixé

(1) Inst. Just., II, 19, § 3.

(2) Gaii *Comm.*, II, §§ 164 et suiv. — Dig., *De jure deliber.*

(3) Cod. Just., *De jure delib.*, L. 22, § 13.

(4) Dig., *De nov.*, L. 24. — *Ibid.*, *De adq. rer. dom.*, L. 33, § 2, L. 34. — Inst. Just., III, 14, § 2.

(5) Inst. Just., II, 14, § 2.

(6) Inst. Just., II, 19, § 7. — Gaii

Comm., II, §§ 165 à 167. — Dig., *De adq. vel amitt. her.*, L. 20.

(7) Cod. Just., *De adm. ad bon. poss.*, L. 9.

(8) Dig., *De adq. vel. omitt. her.*, L. 54. — *Ibid.*, *De reg. jur.*, L. 193. — *Ibid.*, *De stip. serv.*, L. 28, § 4.

(9) Inst. Just., II, 19, § 7. — Dig., *De adq. vel omitt. her.*, L. 95, L. 69. — Cod. Just., *De jure deliber.*, L. 22, § 14.

par le magistrat, soit dans l'ancien droit, soit dans le droit de Justinien (1)
— 2° Conditions requises pour que la répudiation fût valable.

V. Du bénéfice d'inventaire : — 1° Origine historique de ce bénéfice (2),
— 2° Son établissement définitif par Justinien. — 3° A quelles conditions ce
bénéfice était-il accordé? — 4° Quels étaient ses effets (3)?

SECTION IV. — Comparaison des héritiers nécessaires et des héritiers externes.

1° *Jure civili,* la différence qui existait entre les deux classes d'héritiers
est évidente. — Mais le préteur laissait à l'héritier nécessaire le choix entre
l'immixtion ou le bénéfice soit de séparation, soit d'abstention, ce qui revient
à dire que, *jure prætorio,* l'héritier nécessaire était dans une situation analogue à celle de l'externe qui pouvait faire adition ou répudier. — Des différences profondes n'en subsistaient pas moins entre les deux classes d'héritiers.
- 2° Comparaison de l'immixtion et de l'adition d'hérédité. — 3° Comparaison de la séparation ou de l'abstention et de la répudiation.

VII

DES CAUSES DE NULLITÉ DES TESTAMENTS

(Inst. de Just., liv. II, tit. 17.)

SECTION Iʳᵉ. — Généralités.

1° Division des causes de nullité : — Nullités *ab initio* ou *ex post facto.*
— Nullités absolues ou relatives. — Nullités du droit civil ou du droit prétorien. — 2° De l'action en nullité : — La question de validité ou de nullité du
testament se posait incidemment à la *petitio hereditatis.* — Du cas où l'héritier
institué possédait. — Du cas où l'héritier *ab intestat* possédait. — 3° Des dé-
nominations employées pour désigner les différentes causes de nullité (4).

(1) Gaii *Comm.,* II, §§ 177, 178. —
Ulp., *Regl.,* XXII, § 34.—Dig., *De adq.
vel. omitt. her.,* L. 69. — Cod. Just.,
De jur. delib., L. 22, § 14.

(2) Inst. Just., II, 19, §§ 5, 6.

(3) *Ibid.,* Cod. Just., *De jure
delib.,* L. 22.

(4) Inst. Just., II, 17, § 5. — Dig.,
De inj. rumpt. testam., L. 1.

SECTION II. — Du testament nul *ab initio* ou *non jure factum*.

Énumération des causes de nullité.

SECTION III. — Du testament nul *ex post facto*, c'est-à-dire *ruptum*, *irritum* ou *desertum*.

§ 1er. — Des causes de nullités qui se produisaient du côté du testateur.

I. Incapacité du testateur : — 1o Différence entre le droit civil et le droit prétorien en cette matière (1). (Renvoi p. 110.) — 2o Règles particulières au militaire (2) : — Certains jurisconsultes, en cas de *minima capitis deminutio* du militaire, niaient qu'elle ait pu rendre le testament *; irritum* d'autres admettaient ce résultat, mais ils disaient que, le testament reprenait sa force *ex nova voluntate militis ;* les deux théories conduisaient-elles aux mêmes résultats ?

II. Agnation d'un héritier sien : — 1o Quels étaient les héritiers siens dont l'agnation rompait nécessairement le testament, et quels étaient ceux qui ne le rompaient pas si le testateur avait eu soin de les instituer ou de les exhéréder (3) ? (Renvoi p. 113.) — 2o L'institution des héritiers siens de la première classe empêchait-elle la rupture du testament par leur agnation (4) ? — 3o Le testament était-il rompu si le postume était, lors du décès du testateur, incapable de recueillir l'hérédité *ab intestat* (5) ?

III. Révocation du testament : — 1o Révocation par la confection d'un autre testament. — Un second testament, ne contenant même qu'une institution *ad rem certam*, rompait le premier quoique le testateur ait exprimé qu'il confirmait ce testament, sauf à appliquer les règles sur les fidéicommis. Pourquoi en était-il ainsi ? — Il fallait que le second testament fût *jure perfectum*, mais il n'était pas nécessaire qu'il produisit effet (6). —

(1) Inst. Just., II, 17, §§ 4, 6. — Dig., *De bon. poss. sec. tab.*, L. 11, § 2.
(2) Inst. Just., II, 11, § 5. — Dig., *De inj. rupt.*, L. 6, § 13. — Dig., *De test. mil.*, L. 22 ; L. 23.
(3) Inst. Just., II, 13. — *Ibid.*, II, 17,

§ 1. — Gaii *Comm.*, II, §§ 138 à 143.
(4) Gaii, *Ibid.* — Dig., *De inj. rupt.*, L. 18. — Dig., *De liber. et post.*, L. 23, § 1.
(5) Dig., *De inj. rupt.*, L. 12.
(6) Inst. Just., II, 17, §§ 2, 3, 7, 8.

9

2º Révocation par la destruction matérielle du testament (1). — 3º Révocatio par l'expiration du laps de temps (2).

§ 2. — Des causes de nullité qui se produisaient du côté de l'héritier.

1º Incapacité de l'héritier. (Renvoi p. 116.) — 2º Refus de faire adition. — (Renvoi p. 127.) — 3º Nous supposons bien entendu qu'il n'y avait ni cohéritier, ni substitué vulgaire pouvant et voulant recueillir l'hérédité.

CHAPITRE II

DES DISPOSITIONS QUI POUVAIENT ÊTRE CONTENUES SOIT DANS UN TESTAMENT, SOIT DANS LES CODICILLES

I

DES LEGS PARTICULIERS

(Inst. Just., liv. II, tit. 20, 21 et 22.)

SECTION Iʳᵉ. — Règles fondamentales.

§ 1ᵉʳ. — Généralités.

1º Définition du legs (3) : — Les jurisconsultes romains nous ont laissé plusieurs définitions qui peuvent toutes être critiquées : — *Legatum est quod legis modo, id est imperative, testamento relinquitur.* — *Legatum est delibatio hereditatis, qua testator ex eo quod universum heredis foret, alicui quid collatum velit.* — *Legatum est donatio a testamento relicta.* — Justinien a reproduit cette dernière définition en substituant le mot *defuncto* au mot *testamento*. Pourquoi ? — Il est clair qu'il faut mettre trois personnes en scène pour comprendre un legs. — 2º Étymologie du mot *legs*. — 3º Quelle est la différence caractéristique qui séparait le legs de l'institution d'héritier ? — Le léga-

---

(1) Dig., *De his quæ in testam. del.*
(2) Cod. Just., *De testam.*, L. 27.
(3) Dig., *De leg.*-3º, L. 87. — Ulp.,

Regl., XXIV, § 1. — Dig., *De leg.*-1º, L. 116, pr. — Dig., *De leg.*-2º, L. 36. — Inst. Just., II, 20, § 1.

taire n'était jamais le continuateur de la personne du défunt. — 4° Celui qui faisait un legs pouvait vouloir : créer une obligation, transférer un droit réel, transférer une obligation, éteindre un droit réel, éteindre une obligation. — Mais le legs par lui-même pouvait seulement : créer une obligation, transférer un droit réel.

§ 2. — Des diverses espèces de legs.

I. Époque des jurisconsultes classiques.

I. Du legs *per vindicationem :* — 1° Quelle était la formule de ce legs (1)? (*Do lego, sumito, capito, habeto*). — 2° Il transférait directement (*recta via*) (2) la propriété (ou mieux les droits réels) au légataire, et lui conférait dès lors une action *in rem* (3). — 3° A quel moment le légataire devenait-il propriétaire? — A. Dans le cas où l'institué était un héritier externe? — *a*) Il faut d'abord remarquer qu'entre le décès du testateur et l'adition d'hérédité, c'était l'hérédité jacente qui était propriétaire de la chose léguée et qu'aucun effet rétroactif, au jour du décès, ne se produisait au profit du légataire (4). — *b*) Si le legs était pur, le légataire devenait propriétaire, même à son insu, au moment de l'adition, d'après les Sabiniens dont la doctrine a triomphé (5), sauf à effacer rétroactivement son droit de propriété s'il refusait d'accepter le legs (6); il ne devenait propriétaire qu'au moment de son acceptation d'après les Proculiens, en sorte que jusque-là la chose avait été *nullius* (7). — *c*) Si le legs était conditionnel, la condition se produisant bien entendu après l'adition, même discussion reportée au moment de l'événement de la condition (8). — Entre l'adition et l'événement, c'est donc l'héritier qui avait été propriétaire dans la doctrine Sabinienne (9), mais y avait-il effet rétroactif au profit du légataire au jour de l'adition (10)? — B. Dans le cas où l'institué était un héritier nécessaire? — Modifications qui tiennent à ce qu'il n'y a plus à s'occuper de l'adition d'hérédité. — 4° Le testateur ne pouvait léguer *per vindicationem* que les choses dont il était *dominus ex jure quiritium*. — Quant à l'époque à laquelle il devait être propriétaire, il fallait distinguer

(1) Gaii *Comm.*, II, § 193. — Ulp., *Regl.*. XXIV, § 3.
(2) Dig., *De leg.*-2°, L. 80.
(3) Gaii *Comm.*, II, § 194. — Ulp., *Regl.* XIX, § 17.
(4) Dig., *De leg.* 2°, L. 38.
(5) Gaii *Comm.*, II, § 195. — Dig., *De leg.* 1°, L. 44, § 1.
(6) Dig., *De leg.*-1°, L. 86, § 2.

(7) Gaii *Comm.*, II, § 195.
(8) *Ibid.*, § 200.
(9) Dig., *De leg.*-2°, L. 32, § 1.
(10) Dig., *De snc. Silan.*, L. 1, § 4. — Dig., *De leg.*-1°, L. 69, § 1; L. 81, pr. — Dig., *De cond. et dem.*, L. 105. — Cod. Just., *Comm. de leg.*, L. 3, § 3.

entre les choses fongibles et les choses non fongibles ; il suffisait que le testateur fût propriétaire de choses du genre au moment de son décès dans le
premier cas ; il devait être propriétaire des corps certains à l'époque de la
confection du testament et à l'époque de son décès dans le second cas (1).

II. Du legs *per damnationem :* — 1º Quelle était la formule de ce legs (2)
(*heres damnas esto*) ? — 2º Il créait un droit de créance et conférait dès lors au
légataire une action *in personam* (la *condictio*) (3). — 3º A quel moment le
légataire devenait-il créancier ? — Si le legs était pur au moment de l'adition
quand l'institué était externe, au moment du décès quand il était nécessaire,
si le legs était conditionnel au moment de l'événement quand il était postérieur à l'adition (4). — 4º Le testateur pouvait *per damnationem* imposer à son
héritier, soit l'obligation de *dare*, soit celle de *facere*. — La *datio* pouvait
porter sur la chose du testateur, sur celle de l'héritier, même sur la chose
d'autrui (5) ; dans ce dernier cas l'héritier devait déterminer le propriétaire à
transférer la propriété au légataire, ou payer l'estimation ; dans les deux premiers le légataire ne devenait propriétaire que quand les parties avaient eu
recours à un *modus adquirendi* convenable d'après la nature de la chose
léguée.

III. Du legs *sinendi modo :* — 1º Quelle était la formule de ce legs (6)
(*heres damnas esto sinere*) ? — 2º Il créait un droit de créance, — mais l'héritier était-il obligé à transférer la propriété de la chose léguée, ou seulement à
souffrir que le légataire prît cette chose (7) ? — 3º Le testateur ne pouvait
léguer *sinendi modo* que la chose dont il était propriétaire ou dont son héritier
était propriétaire à l'époque de sa mort (8).

IV. Du legs *per præceptionem.* — 1º Quelle était la formule de ce
legs (*præcipito.*) (9) ? — 2º D'après les Sabiniens, ce legs ne pouvait être fait qu'à
un héritier ; celui-ci devenait propriétaire d'une partie de la chose léguée *jure
hereditario ;* créancier du reste *jure legati*, il ne pouvait agir contre ses cohé-
ritiers que par l'action *familiæ erciscundæ* (10). — D'après les Proculiens, le
legs dont il s'agit ne se distinguait pas du legs *per vindicationem* (11). —

---

(1) Gaii *Comm.*, II, § 196.
(2) *Ibid.*, § 204. — Ulp., *Regl.*, XXIV,
§ 4.
(3) Gaii *Comm.*, II, § 204.
(4) Dig., *De oblig. et act.*, L. 42. —
Ibid., *De accept.*, L. 13, § 8.
(5) Gaii *Comm.*, II, § 202.

(6) *Ibid.*, § 209. — Ulp., *Regl.*, XXIV,
§ 5.
(7) Gaii *Comm.*, II, §§ 213, 214.
(8) *Ibid.*, §§ 210, 211, 212.
(9) *Ibid.*, § 216. — Ulp., *Regl.*, XXIV,
§ 6.
(10) Gaii *Comm.*, §§ 217, 219.
(11) *Ibid.*, § 221.

3° D'après les deux Écoles, le testateur ne pouvait léguer *per præceptionem* que la chose dont il était propriétaire (1).

II. Époque du sénatus-consulte Néronien.

1° Ce Snc. décida que tout legs qui ne serait pas valable à raison de la formule employée par le testateur serait réputé fait *per damnationem* (*optimum genus legandi*). — 2° Application de ce principe aux legs *per vindicationem* (2), *sinendi modo* (3) et *per præceptionem* à l'égard duquel les Sabiniens étaient en désaccord entre eux (4). — 3° La jurisprudence fut amenée par une conséquence logique à décider que le légataire, même quand le legs était valable, pourrait toujours se considérer comme légataire *per damnationem* (5).

III. Époque de Constantin II.

1° Les formules des legs furent abolies; le testateur put donc exprimer désormais sa volonté par toute expression de nature à la manifester (6). — 2° Mais on n'en continua pas moins à distinguer les diverses espèces de legs.

IV. Époque de Justinien.

I. Fusion des diverses espèces de legs (7) : — 1° Pourquoi Justinien a-t-il voulu que les legs n'eussent plus désormais qu'une seule nature? — 2° Dans certains cas le legs n'était encore que générateur d'un droit de créance, parce que la force des choses le voulait ainsi (legs de la chose d'autrui, d'un *facere*, etc.). — 3° Action *in rem*, action *in personam*, action hypothécaire (8). — L'hypothèque portait sur les biens héréditaires et elle ne grevait la part de chaque héritier que dans la mesure de son obligation personnelle; *quid* après le partage?

II. Fusion des legs et des fidéicommis : — 1° Quelles étaient les différences capitales qui existaient entre les legs et les fidéicommis? — Justinien les résume en disant que le fidéicommis avait *pinguiorem naturam*. — 2° Pourquoi Justinien a-t-il fondu ces deux institutions en une seule (9)? — Le

---

(1) Gaii *Comm.*, § 220.
(2) *Ibid.*, § 197. — Ulp., *Regl.*, XXIV, § 11. — Dig., *De leg.-1°*, L. 84, § 13.
(3) Gaii *Comm.*, II, § 212.
(4) *Ibid.*, §§ 218, 220, 222.
(5) Dig. *De leg.* 1°, L. 84, § 13 ; L. 85.
(6) Cod., Just., *De leg.*, L. 21.

(7) Inst. Just., II, 20, § 2. — Cod. Just., *Comm. de leg.*, L. 1.
(8) Inst. Just., II, 20, § 2. — Cod. Just. *Comm. de leg.*, L. 1.
(9) Inst. Just., II, 20, § 3. — Cod. Just., *Comm. de leg.*, L. 2.

résultat de la fusion a été qu'il n'y a plus eu qu'une seule disposition, que
l'on pourrait appeler le *legs-fidéicommis*.

§ 3. — Du *dies cedit* et du *dies venit*.

I. Du cas où l'héritier était externe.

I. Du *dies cedit* : — 1º Définition du *dies cedit* : — C'était le moment
où se produisaient, en matière de legs, les différents effets que nous allons
indiquer. — 2º Quels étaient ces effets? — *a*) Transmissibilité aux héritiers
du légataire (1). — Elle n'était qu'éventuelle quand le *dies cedit* se produisait
avant l'adition, puisque le sort des legs était toujours soumis à l'éventualité
de l'adition. — *b*) Détermination de la personne qui profitait du legs lorsque
le légataire était un *alieni juris* (2). — *c*) Détermination de la consistance de
la chose léguée (3). — 3º A quelle époque se produisait le *dies cedit* ? — Pour
le legs pur, c'était le moment de la mort du testateur. — Pour le legs conditionnel, le moment de l'événement de la condition. — Pour le legs à terme, le
moment de la mort du testateur si le terme était certain, le moment de
l'arrivée du terme s'il était incertain (4). — Les lois caducaires avaient retardé
le *dies cedit* jusqu'au moment de l'ouverture des tablettes du testament (5),
mais Justinien est revenu au droit ancien (6). — 4º Pourquoi les jurscon-
sultes romains avaient-ils distingué l'époque du *dies cedit* de l'époque de l'acquisition de la propriété ou de la créance résultant du legs? — 5º Des cas dans
lesquels le *dies cedit* était soumis à des règles anomales : — *a*) Du legs d'usufruit, d'usage ou d'habitation. — *Quid* si ce legs était pur, conditionnel,
à terme, *in annos menses vel dies singulos*, alternatif d'usufruit ou de propriété, enfin s'il était fait à l'esclave d'une hérédité jacente (7)? — *b*) Legs
fait à l'esclave du testateur et affranchi par le testament (8). — *c*) Legs fait à
l'esclave du testateur et légué lui-même par le testament (9). — *d*) Legs fait
à l'esclave d'un pécule castrans (10).

II. Du *dies venit* : — 1º Définition du *dies venit* : — C'était le moment où

(1) Dig., *Quand. dies leg. ced.*, L. 5,
pr.

(2) *Ibid.*, L. 5, § 7.

(3) Inst. Just., II, 20, § 20.

(4) Dig., *Quand. dies leg. ced.*, L. 5,
§§ 1 et suiv. ; L. 13, L. 21.

(5) Ulp., *Regl.*, XXIV, § 31.

(6) Cod. Just., *De cad. toll.*, L. unic.,
§ 1.

(7) *Quand. dies leg. ced.*, L. 2, L. 3. —
L. 14, pr., § 1 ; L. 16, §§ 1, 2. — Dig.,
Quand. dies ususfruct. leg. ced. — Dig.,
Quib. mod. ususfr., L. 1, § 3 ; L. 18.

(8) Dig., *Quand. dies leg. ced.*, L.
7, § 6, L. 8.

(9) *Ibid.*, L. 7, § 6 ; L. 17.

(10) Dig., *De castr. pecul.*, L. 14,
§ 2. — *De adq. rer. dom.*, L. 33, pr.

le légataire pouvait exiger l'exécution du legs. — 2º A quelle époque se produisait le *dies venit?* — Pour le legs pur, c'était le moment de l'adition d'hérédité. — Pour le legs conditionnel, c'était le moment de l'événement de la condition, et pour le legs à terme le moment de l'arrivée du terme, s'ils se produisaient après l'adition, sinon le moment de l'adition. — 3º L'expression *dies venit* était-elle employée en matière de legs (1)?

II. Du cas où l'hérédité était nécessaire.

I. Modification résultant de ce qu'il n'y avait plus à s'occuper ici de l'adition d'hérédité.

II. Montrer par deux exemples que l'acquisition de la propriété ou de la créance, le *dies cedit* et le *dies venit*, pouvaient être simultanés ou au contraire se produire à trois époques différentes.

§ 4. — De la règle catonienne.

1º La règle catonienne était ainsi formulée : « *Quod si testamenti facti tempore decessisset testator inutile foret legatum, quandocumque decesserit non valere* » (2). — 2º Cette règle doit être restreinte aux vices qui empêchaient le legs de pouvoir s'exécuter en fait ou vices relatifs : — Quel est l'intérêt pratique de cette remarque puisque, si le legs était *ab initio* frappé d'une nullité absolue, par exemple si le légataire était pérégrin ou si la chose léguée était hors du commerce, la nullité persistait également quoique sa cause ait disparu au moment du décès du testateur? L'intérêt est évident si l'on suppose le legs conditionnel. — Du reste il a existé de vives controverses sur la portée de cette règle entre les jurisconsultes Romains et ils ne l'ont pas toujours observée (3); — 3º Les principales hypothèses dans lesquelles la règle catonienne était appliquée sont les suivantes : — Cas du legs fait à l'esclave de l'institué (4). — Cas du legs d'une chose dont le légataire était propriétaire (5). — Cas du legs des matériaux qui faisaient partie d'un édifice (6). — 4º Quel était le motif de la règle catonienne (7)? — 5º La règle catonienne ne pouvait manifestement atteindre ni les legs conditionnels (8), — ni ceux dont le *dies cedit* ne se produisait qu'au jour de l'adition d'héré-

---

(1) Dig., *Quand. dies ususfr. leg. ced.*, § 3.

(2) Dig., *De reg. Caton.*, L. 1, pr.

(3) Dig., *De reg. Cat.*, L. 1. — Gaii *Comm.*, II, § 244.

(4) Inst. Just., II, 20, § 32.

(5) *Ibid.*, § 10.

(6) Dig., *De leg.-1º*, L. 41, §§ 1, 2.

(7) Gaii *Comm.*, II, § 244. — Dig., *De reg. jur.*, L. 29.

(8) Gaii *Comm.*, II, § 244. — Inst. Just., II, 20, § 32. — Dig., *De cond. et demonstr.*, L. 98.

dité (1), — ni les legs faits aux incapables de *capere* (2). — 6° Elle ne s'appliquait pas aux institutions d'héritier (3). — *Quid* quant aux fidéicommis (4) ?

§ 5. — Du droit d'accroissement.

I. — Généralités.

1° Quels sont les faits qui donnent naissance à la théorie de l'accroissement ? Il faut supposer la même chose léguée à plusieurs personnes et l'un des légataires ne recueillant pas sa part. — 2° Quelle est la question que cette théorie a pour objet de résoudre ? C'est celle de savoir à qui appartient la part du défaillant. — 3° La solution de cette question conduit logiquement à accorder tantôt la rétention à l'héritier, tantôt l'accroissement aux légataires.

II. — Époque antérieure aux lois caducaires.

I. Des legs de propriété : — 1° Le principe de l'attribution de la part du défaillant aux autres légataires était la vocation de chaque légataire à la totalité de la chose léguée, d'après la volonté du testateur, telle qu'elle résultait logiquement de la formule qu'il avait employée ; sinon il y avait rétention au profit de l'héritier. — Aussi serait-il plus exact de dire qu'il y avait *non-décroissement* qu'*accroissement*. — 2° Du cas où le testateur avait expressément assigné des parts aux légataires ? — Soit qu'il les ait appelés par la même disposition (*conjunctim*) ou par des dispositions séparées (*disjunctim*), il y avait lieu à rétention par l'héritier et l'accroissement ne se produisait pas (5). — 3° Du cas où le testateur n'avait pas expressément assigné des parts aux légataires ? — *a*) Legs per *vindicationem* : — fait *conjunctim*, — fait *disjunctim* (6), — fait aux uns *conjunctim* et aux autres *disjunctim* (7). — Maxime : *partes concursu fiunt* (8). — En résumé, l'accroissement se produisait toujours. — *b*) Legs per *damnationem*. — Mêmes distinctions (9). — Maxime : *damnatio partes facit* (10). — En résumé, l'accroissement ne se produisait jamais. — Pourquoi, lorsque le legs était fait *disjunctim*, si les deux légataires se présentaient, l'héritier devait-il à l'un la chose et à l'autre l'estimation ? —

(1) Dig., *De reg. Caton.*, L. 3.
(2) *Ibid.*, L. 5.
(3) Dig., *De reg. Caton.*, L. 3, L. 4.
(4) Dig., *De leg.*-3°, L. 8, § 1. — Cod. Just., *De leg.*, L. 13.
(5) Dig,, *De usufr. adcresc.*, L. 11.

(6) Gaii *Comm.*, II, § 199.
(7) Dig., *De leg.*-1°, L. 34, pr.
(8) Ulp., *Regl.*, XXIV, § 12.
(9) Gaii *Comm.*, II, § 205. — Ulp., *Regl.*, XXIV, § 13.
(10) *Fragm. Vatic.*, § 85.

c) Legs *sinendi modo* (1). — On appliquait les règles du legs *per damnationem;* *quid* cependant de celle qui vient d'être énoncée la dernière ? — *d)* Legs *per præceptionem* (2). — On appliquait les règles du legs *per vindicationem.* — 4° L'accroissement était forcé, sans charges.

II. Des legs d'usufruit : — 1° En principe, le legs d'usufruit était soumis à toutes les règles ci-dessus (3). — 2° Cependant il présentait deux anomalies : — *a)* En cas de legs *per vindicationem,* l'accroissement avait lieu même lorsque tous les légataires avaient recueilli (4). — *b)* L'accroissement avait lieu à la personne et non à la part (5).

III. — Époque des lois caducaires.

I. Des legs de propriété : — 1° *Pro non scriptis :* — L'ancienne théorie de l'accroissement était maintenue (6). — Il fallait, bien entendu, que les légataires qui recueillaient par droit d'accroissement la part du légataire défaillant fussent capables de recueillir leur propre part, c'est-à-dire fussent *patres,* ou eussent la *solidi capacitas,* etc. — 2° *Caduca* (7) : — *a)* Les caduques étaient attribués d'abord aux *collegatarii patres,* à leur défaut aux *heredes patres,* à leur défaut aux autres *legatarii patres,* enfin à l'*ærarium* (8). — Que fallait-il entendre par *collegatarii* en cette matière, et, à ce propos, distinction des *conjuncti re et verbis,* des *conjuncti re tantum* et des *conjuncti verbis tantum* (9) ? — Quels étaient les enfants qui étaient comptés pour donner droit aux *caduca* (10) ? — Les femmes *matres* avaient-elles droit aux *caduca ?* — Les personnes ayant la *solidi capacitas* n'avaient pas droit aux *caduca ;* il en était de même, suivant nous, des personnes ayant le *jus antiquum.* — Quel est le sens de la constitution de Caracalla, qui attribue les *caduca* au fisc (11) ? *b)* Le principe de l'attribution des *caduca* était la toute-puissance de la loi (12). — Aussi l'acquisition des *caduca* était volontaire avec charges (13). — Celui qui pouvait les réclamer avait la *reivendicatio (jus caduca vindicandi).*

(1) Gaii *Comm.,* § 215.

(2) *Ibid.,* § 223. — Dig., *De leg.*-1°, L. 116, § 1.

(3) Dig., *De usufr. adcresc.* — *Fragm. Vatic.,* §§ 75 et suiv.

(4) Dig., *De usufr. adcresc.,* L. I, § 3. — *Fragm. Vatic.,* § 77.

(5) *Ibid.,* L. 10. — Dig., *De except. rei judic.,* L. 14, § 1.

(6) Cod. Just., *De caduc. toll.,* L. 1, §§ 2, 3.

(7) Ulp., *Regl.,* XVII. — Cod. Just., *De caduc. toll.,* L. 1, pr., § 1.

(8) Gaii *Comm.,* II, §§ 206, 207, 208.

(9) Dig., *De leg.*-3°, L. 89.

(10) *Fragm. Vatic.,* § 195.

(11) Ulp., *Regl.,* XVII, § 2.

(12) Ulp., *Regl.,* XIV, § 17.

(13) *Ibid.,* XVII, § 3.

— 3º *In causa caduci (quasi caduca)* (1) : — Les légataires *patres* pouvaient les revendiquer comme les *caduca*. — Mais ici l'ancien droit d'accroissement était maintenu pour les personnes ayant le *jus antiquum* (2). — Il n'en était pas de même relativement aux personnes ayant la *solidi capacitas*. — 4º *Ereptoria* (3). — Le règlement était-il le même que pour les *caduca* (4) ?

II. Des legs d'usufruit : — 1º Les lois caducaires ne s'appliquaient pas aux legs d'usufruit en ce sens qu'elles laissaient intact le droit d'accroissement pour les personnes qu'elles reconnaissaient capables de recueillir leur part (5). — 2º Pourquoi ?

IV. — Époque de Justinien.

I. Des legs de propriété : — 1º Justinien a dû remanier profondément la théorie qui nous occupe, puisque, d'une part, il avait aboli la distinction des diverses espèces de legs, et que, d'une autre part, les incapacités établies par les lois caducaires avaient disparu de son temps (6). — 2º Dans le cas d'un legs fait sans assignation expresse de parts, l'empereur voulut qu'il y ait toujours accroissement. — Mais si le legs était fait *conjunctim*, l'accroissement était volontaire avec charges; s'il était fait *disjunctim*, l'accroissement était forcé sans charges; dans le premier cas, l'empereur s'est inspiré des lois caducaires, dans le second, de l'ancienne théorie de l'acroissement. — 3º Dans le cas d'un legs fait avec assignation expresse de parts, l'accroissement ne se produisait pas, selon nous.

II. Des legs d'usufruit : — Justinien a maintenu l'ancien droit, en appliquant toujours les règles du legs *per vindicationem* (7).

SECTION II. — De l'objet des legs.

I. Généralités : — 1º En réalité un legs avait pour objet un droit que le testateur voulait créer, transférer, ou éteindre, au profit du légataire. — Mais les Romains, entraînés par la déplorable division des choses en corporelles et incorporelles, considéraient les choses comme étant les objets des legs, et nous sommes bien forcés de les suivre dans cette voie. — 2º En principe, on pouvait léguer un pur *fait* (8) pourvu qu'il fût possible et licite, ou une *chose* (c'est-à-dire la propriété et ses démembrements), pourvu qu'elle

(1) Cod. Just., *De cad. toll.*, L. 1, § 2.
(2) Ulp., *Regl.*, XVIII.
(3) *Ibid.*, XIX, § 17.
(4) Dig., *De his quæ ut indign. aufer.*
(5) *Fragm. Vatic.*, § 75.

(6) Inst. Just., II, 20, § 8. — Cod. Just., *De cad. toll.*
(7) Dig., *De usufr. adresc.*
(8) Inst. Just., II, 20, § 21.

fût dans le commerce (1). — 3° Les Pandectes contiennent de nombreux titres destinés à déterminer la consistance de chaque legs (2); nous nous contenterons d'étudier les hypothèses prévues aux Institutes.

II. Du legs d'une chose future (3).

III. Du legs de la chose d'autrui : — 1° La chose était à autrui lors de la confection du testament et était restée telle jusqu'à l'acquittement du legs (4) : — Il fallait distinguer autrefois si le legs était fait *per vindicationem* ou *per damnationem*. — Remarquer au texte la maxime : *necessitas probandi incumbit illi qui agit*. — *Quid* si le testateur avait légué une chose dont il était propriétaire, mais qui était grevée d'un droit réel au profit d'un tiers ? — 2° La chose était à autrui lors de la confection du testament, mais elle était devenue la propriété du légataire avant l'acquittement du legs (5) : — Distinguer suivant que l'acquisition avait été faite à titre onéreux ou à titre gratuit. — *Quid* si l'acquisition faite par le légataire n'avait été que partielle ? — 3° La chose était au légataire lors de la confection du testament, mais elle n'était plus à lui dès l'époque du *dies cedit* (6) : — Il fallait appliquer la règle catonienne. — 4° La chose appartenait au testateur lors de la confection du testament, mais elle avait cessé de lui appartenir avant son décès (7) : — Le legs était-il révoqué par l'aliénation que le testateur avait faite de la chose léguée ?

IV. Des legs relatifs à une créance préexistante : — 1° Legs fait par le créancier au débiteur de ce que celui-ci lui doit (*De liberatione legata*) (8) : — Le legs ne créait qu'une obligation à la charge de l'héritier. — 2° Legs fait par le débiteur au créancier de ce qu'il lui doit (9) : — Le legs était valable s'il contenait quelque chose de plus que la créance. — *Quid* s'il était prouvé que le testateur ne devait rien ? — Application de ces principes à la *dos prælegata* (10). — 3° Legs d'une créance appartenant au testateur contre un tiers (11) : — Le legs ne créait qu'une obligation à la charge de l'hé-

---

(1) Inst. Just., II, 20 § 4. — Dig., *De leg.*-1° L. 39, § 9.

(2) Dig., Lib. XXX à XXXIV.

(3) Inst. Just., II, 20, § 7. — Gaii *Comm.*, II, § 203.

(4) *Ibid.*, § 202. — Inst. Just.,II, 20, §§ 4, 11, 5. — Dig., *De leg.*-2°, L. 66, § 6.

(5) Inst. Just., II, 20, §§ 6, 9.

(6) *Ibid.*, §§ 10, 11.

(7) *Ibid.*, § 12. — Gaii *Comm.*, II, § 198. — Dig., *De adim. leg.*, L. 18.

— Dig., *De leg.*-3°, L. 11, § 12.

(8) Inst. Just., II, 20, § 13. — Dig., *De liberat. leg.*, L. 1, L. 3.

(9) Inst. Just., II, 20, §§ 14, 15. — Dig., *De leg.*-2°, L. 84, pr. — Dig., *De leg.*-1°, L. 28, § 1. — Dig., *De liber. leg.*, L. 25. — Dig., *De dote præl.*, L. 1.

(10) Dig., *De dot. præleg.*

(11) Inst. Just., II, 20, § 21.

ritier. — 4° Legs du payement des dettes du légataire (1) : — **Même ré-**
sultat.

V. Des legs d'une chose indéterminée : — 1° Legs d'un genre (2) : —
Il fallait distinguer autrefois entre le cas où le legs était fait *per vindicatio-*
nem ou *per damnationem* au triple point de vue du choix, des choses parmi
lesquelles le choix devait s'exercer, de la précision des caractères du genre.
— *Quid* dans le droit de Justinien ? — 2° Legs d'option (3) : — Sous quels
rapports différait-il du legs *per vindicationem* d'un genre ? — Réforme de
Justinien.

VI. Dans quel état le corps certain devait-il être délivré ? — 1° Lorsqu'un corps certain était légué, le légataire avait en principe le droit de l'obtenir dans l'état où il se trouvait au moment du *dies cedit* (4). — 2° Application
du principe aux hypothèses suivantes : — *a*) Legs d'un troupeau (5). — *b*) Legs
d'un édifice plus tard augmenté (6). — *c*) Legs du pécule d'un esclave (7).
— Distinguer si le pécule était légué à l'esclave lui-même ou à un tiers. —
Le pécule était-il réputé légué à l'esclave par cela seul qu'il était affranchi?

SECTION III. — Qui pouvait léguer ?

Toute personne qui pouvait tester pouvait léguer (8). (Renvoi p. 110.)

SECTION IV. — A qui pouvait-on léguer ?

I. De la capacité d'être légataire : — 1° En principe, la capacité d'être
légataire (faction de testament passive) n'appartenait qu'aux citoyens
romains et à leurs esclaves. — A quel moment devait exister cette capacité?
— 2° Personnes frappées d'une incapacité absolue (9). (Renvoi p. 116.) —
3° Personnes frappées d'une incapacité relative : — *a*) Pouvait-on léguer à

---

(1) *Ibid.*, Paul., *Sent.*, III, 6, § 10.
(2) Inst. Just., II, 20, § 22. —
Dig., *De leg.*-1°, L. 37, pr. ; L. 71, pr.
(3) Inst. Just., II, 20, § 23. —
Ulp., *Regl.*, XXIV, § 14. — Dig., *De*
opt. vel elect. leg.
(4) Dig., *Quand. dies leg. ced.*,
L. 28.

(5) Inst. Just., XI, 20, § 18. — Dig.,
De leg.-1°, L. 21, L. 22.
(6) Inst. Just., II, 20, § 19. — Dig.,
De leg.-2°, L. 39.
(7) Inst. Just., II, 20, § 20. — Dig.,
De pecul. legat.
(8) Dig., *De leg.*-1°, L. 2.
(9) Inst. Just., II, 20, §§ 24 à 28.

l'esclave de l'héritier institué (1)? — *b)* Pouvait-on léguer au maître de l'esclave institué héritier (2)?

II. De la capacité de *capere legatum*. (Renvoi p. 118.)

III. De la fausse démonstration et de la fausse cause (3). — Il ne faut pas les confondre soit avec l'absence de détermination, soit avec cette indication : si tel fait épiste.

SECTION V. — A la charge de qui pouvait-on léguer?

1° Avant Justinien, l'héritier institué pouvait seul être grevé d'un legs (4). — Conséquences quant à la place que le legs devait occuper dans le testament (5). — 2° Sous Justinien, toute personne qui recevait une libéralité du défunt, ainsi que l'héritier *ab intestat*, pouvait être grevée d'un legs (6).

SECTION VI. — Des modalités des legs.

1° Du terme. — Le legs a toujours pu être fait sous la modalité du *dies a quo*. — Il ne pouvait être fait sous la modalité du *dies ad quem*, que si la nature du droit légué le comportait ; Justinien a fini par admettre définitivement que la propriété pouvait être léguée *ad tempus* (7). — Le terme incertain valait condition; pourquoi déclarait-on nul le legs fait *post mortem heredis aut legatarii* (8). — Réforme de Justinien. — 2° De la condition. — Soit que la condition fût *a qua*, soit qu'elle fût *ad quem*, mêmes observations que pour le terme. — On appliquait du reste ici la plupart des règles étudiées à propos de l'institution d'héritier. (Renvoi, p. 121.) — 3° Du mode (9). — 4° De la peine : — Définition de la peine. — Énumération des dispositions faites à titre de peine. — Quel était l'effet de la peine? — A Quel signe certain pouvait-on distinguer la peine de la condition ordinaire? — Réforme de Justinien (10).

(1) *Ibid.*, § 32. — Gaii *Comm.*, II, § 244. — Ulp., *Regl.*, XXIV, § 23.

(2) Inst. Just., II, 20, § 33. — Gaii *Comm.*, II, § 245.

(3) Inst. Just., II, 20, §§ 29, 30. 31. — Ulp., *Regl.*, XXIV, § 19. — Dig., *De leg.*-1°, L. 75, §§ 1, 2.

(4) Ulp., *Regl.*, XXIV, §§ 20, 21.

(5) *Ibid.*, § 15.

(6) Inst. Just., II, 20, § 34.

(7) Cod. Just., *De leg.*, L. 26.

(8) Inst. Just., II, 20, § 35 — Gaii *Comm.*, II, § 232.

(9) Dig., *De cond. et demonst.*, L. 17, § 4.

(10) Inst. Just., II, 20, § 36. — Gaii *Comm.*, II, §§ 235, 236, 243. — Dig., *De his quæ pœnæ*.

SECTION VII. — Des causes de nullité des legs.

§ 1er. — Des legs nuls *ab initio*.

1º Vices de forme. — 2º Vices tenant à l'incapacité du testateur ou du légataire. — 3º Vices tenant à la chose léguée.

§ 2. — Des legs nuls *ex post facto*.

1º Du cas où le testament était *ruptum*, *irritum* ou *desertum*. — 2º Incapacité du légataire. — 3º Chose mise hors du commerce, ou physiquement anéantie. — L'héritier répondait ici de son simple fait (1). — *Quid si*, plusieurs choses ayant été léguées, l'une d'elles seulement avait péri? Distinguer si l'une avait été léguée comme chose principale et les autres comme choses accessoires, ou si toutes avaient été léguées principalement (2). — 4º Refus d'acceptation du legs. — 5º Révocation et translation du legs : — Définition de l'*ademptio;* elle pouvait être expresse ou tacite. — Définition de la *translatio;* elle pouvait se produire de quatre manières (3). — 6º Du cas où l'actif ne suffisait pas à payer les legs (4).

§ 3. — De la part réservée à l'institué contre les légataires.

I. Système de la Loi des XII Tables : — D'après cette loi, aucune part n'était réservée à l'institué contre les légataires. — Inconvénients de cette législation (5) : Souvent l'institué ne faisait pas adition, le défunt mourait donc intestat et les legs s'écroulaient; le fisc pouvait aussi avoir intérêt à l'adition à cause de la *lex vicesima*.

II. — Système de la loi *Furia :* — Elle défendait, sauf à certaines personnes déterminées, de recevoir des legs supérieurs à 1,000 as, sous peine de restitution au quadruple. — Son insuffisance (6).

III. Système de la loi *Voconia :* — Elle décidait qu'aucun legs ne pouvait être supérieur à la valeur de ce qui resterait à l'héritier. — Son insuffisance (7).

IV. Système de la loi *Falcidia :* — 1º Cette loi permettait à l'institué

---

(1) Inst. Just., II, 20, § 16.
(2) *Ibid.*, § 17.
(3) Inst. Just., II, 21. — *Ibid.*, II, 20, § 12. — Ulp., *Regl.*, XXIV, § 29. — Dig., *de adim. leg.*, L. 3, § 11; L. 6.

(4) Dig., *Ad. Snc. Trebell.*, L. 1, § 17.
(5) Inst. Just., II, 22, pr.
(6) Gaii *Comm.*, II, § 225. — Ulp., *Regl.*, § 2.
(7) *Ibid.*, § 226.

de retenir contre les légataires le quart de l'actif net (1). — 2° L'héritier nécessaire avait-il ce droit (2) ? — Le légitimaire institué pouvait-il cumuler la quarte Falcidie et la quarte légitime (3)? — L'institué devait-il imputer sur la quarte ce qu'il avait reçu du défunt à un titre autre que celui d'héritier (4)? — Comment se déterminait la quarte lorsqu'il y avait plusieurs héritiers institués et qu'ils étaient inégalement grevés de legs ? — a) Du cas où tous les institués faisaient adition (5) : *In singulis heredibus ratio legis Falcidix ponenda est* — ; — b) Du cas où l'un des institués ne faisait pas adition. — Distinguer dans cette dernière hypothèse si c'était la part grevée qui arrivait à la part non grevée ou réciproquement, et si la part du défaillant était recueillie par l'autre institué *jure adcrescendi, jure substitutionis* ou *jure caduca vindicandi* (6). — 4° Comment se faisait le calcul de la quarte ? — a) Estimation du patrimoine héréditaire. — A quelle époque se référait-on pour faire cette estimation (7)? C'était celle du décès du testateur; conséquences. — Qui la faisait (8)? — Comment procédait-on lorsqu'il y avait dans l'hérédité une créance contre une personne dont les facultés étaient suspectes, ou une créance conditionnelle, ou lorsque l'héritier était le débiteur du défunt (9)? — b) Défalcation du passif : — Des dettes; *quid* si la dette était conditionnelle ou si l'héritier était le créancier du défunt? — Des frais funéraires. — Du prix des esclaves affranchis. — Des legs faits aux dieux (10). — c) Détermination de la valeur des legs. — A quelle époque se référait-on pour faire cette estimation? — Comment procédait-on en cas de legs conditionnel, de legs à terme, de legs d'aliments ou d'usufruit, de legs de la libération (11)? — d) Comparaison de la valeur de l'actif net et de celle des legs : — Comment opérait-on lorsque les deux valeurs étaient égales? — Lorsque la valeur de l'actif net était supérieure à celle des legs? — Lorsqu'elle était inférieure (12)? — 5° Examen du principe d'après lequel la loi Falcidie opérait *ipso jure* (13).

(1) Up., *Regl.* XXIV, § 32. — Gaii, *Comm.,* II § 227.

(2) Dig., *Ad leg. Falcid.,* L. 87, § 4.

(3) Dig., *De inoff. testam.,* L. 8, § 9.

(4) Dig., *Ad leg. Falcid.,* L. 74.

(5) Inst. Just., II, 22, § 1. — Dig., *Ad leg. Falcid.,* L. 77. — Dig., *De leg.-2°,* L. 61, § 1.

(6) Dig., *Ad leg. Falcid.,* L. 78 ; L. 1, §§ 13, 14.

(7) Inst. Just., II, 22, § 2.

(8) Dig., *Si cui plus quam per Falcid.,* L. 1, § 6.

(9) Dig., *Ad leg. Falcid.,* L. 63, § 1 ; L. 73, § 1 ; L. 1, § 18.

(10) Instit. Just., II, 22, § 3. — Paul, Sent., IV, 3, § 3. — Dig., *Ad leg. Falcid.,* L. 73, § 1. — Cod. Just., *Ad leg. Falcid.,* L. 1, § 5; L. 6, pr.

(11) Dig., *Ad leg. Falcid.,* L. 73, §§ 2, 4. — L. 68. ; L. 82.

(12) Inst. Just., II, 22, § 3.

(13) Dig., *Quod legat.,* L. 1, § 5. — Dig., *De reiv.,* L. 76, § 1.

V. — Système de la Novelle 1re. — 1° Le testateur put désormais prohiber l'application de la loi Falcidie. — 2° l'héritier dut faire inventaire pour conserver le droit de retenir la quarte (1).

II

DES LEGS PARTIAIRES

I. Généralités : — 1° Le legs partiaire était celui qui s'appliquait à une part aliquote de l'hérédité (2). — Le testateur aurait-il pu léguer toute l'hérédité? — 2° Quelle était la formule de ce legs (*partito*, *dividito*) (3) ? — 3° Pourquoi le testateur faisait-il un legs partiaire au lieu d'une coinstitution d'héritier?

II. Époque des jurisconsultes classiques : — 1° Relations du légataire partiaire et des tiers (droit de poursuite) : — Le légataire partiaire n'était pas le continuateur de la personne du défunt. — En conséquence, il ne pouvait directement exercer aucune action contre les débiteurs héréditaires, et réciproquement aucune action ne pouvait être intentée contre lui par les créanciers héréditaires. L'héritier avait ou subissait toutes les actions. — 2° Relations du légataire partiaire et de l'héritier (contribution) : — En vertu du legs, le légataire partiaire devenait seulement créancier de l'héritier. — Conséquences. — Celui-ci pouvait ou lui payer l'estimation de sa part, ou lui céder sa part dans toutes les valeurs héréditaires, suivant les modes ordinaires de cession. — Le légataire était un successeur *per universitatem*, donc il devait contribuer au payement des dettes. — Stipulations *partis* et *pro parte* (4).

III. Époque de Justinien : — Ce legs devait se confondre avec le fidéicommis d'hérédité (5).

---

(1) Nov. 1, cap. 2. — Cod. Just., *De jure delib.*, L. 22, § 4.

(2) Ulp., *Regl.*, XXIV, § 25. — Cic., *Pro Cecina*, § 4.

(3) *Ibid.*.

(4) Ulp., *Regl.*, XXV, § 15. — Gaii *Comm.*, II, § 254. — Dig., *De leg.-1°*, L. 26, § 2. — Dig., *Ad Snc. Trebell.*, L. 22, § 5.

(5) Cod. Just., *Comm. de leg.*, L. 2.

III

DES FIDÉICOMMIS D'HÉRÉDITÉ

(Inst. de Just., liv. II, tit. 23.)

I. Généralités : — 1º Définition des fidéicommis (1) : — *Fideicommissum est quod, non civilibus verbis, sed precative, relinquitur.* — 2º Distinction du disposant, du fiduciaire et du fidéicommissaire. — 3º Avant Auguste, les fidéicommis n'étaient pas obligatoires pour le fiduciaire (2). — Pourquoi en faisait-on cependant ? Notamment, pour disposer au profit d'un incapable, pour grever l'institué d'une libéralité sans recommencer le testament, pour grever d'une libéralité des personnes autres que l'institué (3). — 4º Pourquoi et comment Auguste a-t-il rendu les fidéicommis obligatoires (4) ? — 5º On distinguait les fidéicommis d'hérédité et les fidéicommis particuliers ; les premiers vont d'abord seuls nous occuper (5). — 6º Trois classes de personnes pouvaient être grevées d'un fidéicommis d'hérédité : l'héritier testamentaire, l'héritier ab intestat, un premier fidéicommissaire d'hérédité (6). — Justinien se place surtout dans la première hypothèse (7).

II. Époque d'Auguste à Néron : — 1º Relations du fidéicommissaire et des tiers : — Même après la restitution par le fiduciaire, le fidéicommissaire n'était pas le continuateur de la personne du défunt. — Il n'avait donc le droit de poursuite ni activement ni passivement. — Le fiduciaire avait ou subissait toutes les actions (8) (*semel heres semper heres*). Il y avait toutefois une exception possible à ce principe (renvoi p. 158). — 2º Relations du fidéicommissaire et du fiduciaire : — En vertu du fidéicommis, le fidéicommissaire n'était que le créancier du fiduciaire. — Celui-ci était tenu de lui ven-

(1) Ulp., *Regl.*, XXV, § 1.
(2) Inst. Just., II, 23, § 1.
(3) Gaii *Comm.*, II, § 285. — Inst. Just., II, 25. pr. — *Ibid.*, II, 23, §§ 10, 11.
(4) *Ibid.*, § 1.
(5) *Ibid.*, pr.

(6) Inst. Just., II, 23, §§ 2, 10, 11.
(7) L'héritier ab intestat pouvait retenir la quarte pégasienne (Dig., *Ad leg. Falc.*, L. 18 pr.), mais le fidéicommissaire ne le pouvait pas (Dig., *Ad Snc. Trebell.* L. 55, § 2.
(8) Inst. Just., II, 23, § 3.

dre l'hérédité *nummo uno*. — Comment se faisait la restitution ? — Que devait-elle comprendre ? — Mais le fidéicommissaire était un successeur *per
universitatem*, il devait donc contribuer au payement des dettes. — Stipulations *emptæ et venditæ hereditatis* (1).

III. Époque de Néron à Vespasien : — 1° Inconvénients que présentait
le système antérieur. — 2° Le sénatus-consulte Trébellien décida que les
actions héréditaires passeraient en qualité d'actions utiles (fictices) au fidéicommissaire activement ou passivement (2), et qu'il aurait les choses héréditaires *in bonis* (3), dès que le fiduciaire aurait consenti à la restitution (4). —
3° Conséquences de cette réforme, et particulièrement de l'exception *restitutæ
hereditatis* (5).

IV. Époque de Vespasien à Justinien : — 1° Inconvénients que présentait le système antérieur. — 2° Le sénatus-consulte Pégasien appliqua aux
fidéicommis le système de la quarte Falcidie. — Il modifia le sénatus-
consulte Trébellien sans l'abroger. — 3° Pour connaître la position du fidéicommissaire et celle du fiduciaire sous l'empire de ce sénatus-consulte, il
faut faire les distinctions suivantes : — *a*) Si le défunt n'ayant pas laissé la
quarte pégasienne au fiduciaire, celui-ci la retenait, le fiduciaire était *heres*
et le fidéicommissaire était *loco legatarii partiarii*. (Stipulations *partis* et *pro
parte*.) — *b*) Si le défunt avait laissé au fiduciaire une quote-part de l'hérédité
égale ou supérieure à la quarte, le fiduciaire était *heres* et le fidéicommissaire *loco coheredis* (pas de stipulation). — *c*) Si le défunt n'avait pas laissé
la quarte au fiduciaire, mais que celui-ci refusât de la retenir, suivant les
uns le fiduciaire était *heres* et le fidéicommissaire était *loco emptoris* (stipulations *emptæ et venditæ hereditatis*), suivant les autres le fiduciaire s'effaçait
grâce à l'exception *restitutæ hæreditatis*, et le fidéicommissaire était *loco
heredis* (pas de stipulation). — *d*) Si le fiduciaire, prétendant que l'hérédité
était mauvaise, refusait de faire addition, il s'effaçait grâce à l'exception
restitutæ hæreditatis, et le fidéicommissaire était *loco heredis* (pas de stipulation). — *e*) Si le défunt avait laissé la quarte au fiduciaire, mais en objets
particuliers, le fiduciaire était *loco legatarii rei singularis* et le fidéicommissaire était *loco heredis* (pas de stipulation). — *f*) Si le défunt avait laissé au
fiduciaire un ou plusieurs objets particuliers d'une valeur inférieure à celle
de la quarte, le fiduciaire, quand on lui permettait d'exiger le complément

(1) Gaii *Comm.*, II, § 252. — Dig.,
Ad Snc. Trebell., L. 22, § 3 ; L. 27,
§ 1.
(2) Inst. Just., II, 23, § 4. — Gaii

Comm., II, § 253. — Paul, *Sent.*, IV, 2.
(3) Dig., *Ad Snc. Trebell.*, L. 63.
(4) *Ibid.*, L. 37, pr.
(5) *Ibid.*, L. 27, § 7.

de sa quarte (1), était *heres* et le fidéicommissaire était *loco legatarii partiarii* (stipulations *partis* et *pro parte*) (2).

V. Époque de Justinien : — 1º L'empereur voulut que l'expression Snc. Trébellien fût seule employée désormais. — 2º Il voulut que les actions passassent toujours au fidéicommissaire; en d'autres termes, qu'il fût toujours *loco heredis*. — 3º Il autorisa néanmoins le fiduciaire à retenir la quarte appelée désormais Trébellianique (3). — 4º Quelles sont les différences qui, même dans le droit de cet empereur, existaient entre l'hypothèse où le testateur avait institué deux co-héritiers, et celle où il n'avait institué qu'un héritier, en le grevant d'un fidéicommis d'hérédité ?

IV

DES FIDÉICOMMIS PARTICULIERS

(Inst. de Just., liv. II, tit. 24.)

I. Qui pouvait être grevé d'un fidéicommis particulier ? — Le fidéicommissaire n'avait qu'un droit de créance contre le fiduciaire. — Quelles choses pouvaient être l'objet du fidéicommis ? — Expressions employées pour faire les fidéicommis (4).

II. Comparaison du legs particulier et du fidéicommis particulier : 1º Différences supprimées dès l'époque de Gaius : — *Pérégrini* — *Cœlibes* et *orbi* — Personnes incertaines — Peine — Quarte. — 2º Différences qui ont persisté jusqu'à Justinien : — Latins-Juniens. — Personnes qui pouvaient être grevées. — Formes. — Modalité *post mortem*. — *Cognitio extraordinaria*. — Conséquence de la dénégation. — Intérêts et fruits. — Le fidéicommis n'était jamais translatif de propriété, etc. — 3º Suppression de ces différences par Justinien (5).

(1) Dig., *Ad Snc. Trebell.*, L. 30 § 4.
(2) Gaii *Comm.*, II, §§ 254 à 259.
— Ulp., *Regl.*, XXV, §§ 14 à 16. — Paul, *Sent.*, IV, 3. — Inst. Just., II, 23, §§ 5, 6, 8, 9. — *Ibid.*, II, 17, § 3. — Dig., *Ad Snc. Trebell*, L. 45, pr. ; L. 30 § 3.

(3) Inst. Just., II, 23, § 7.
(4) Gaii *Comm.*, II, §§ 260 à 262. — Inst. Just., II, 24, pr., §§ 1, 3.
(5) Gaii *Comm.*, II, §§ 268 et suiv. — Ulp., *Regl.*, XXV, §§ 2 à 12. — Inst. Just., II, 20 § 3.

V

DES AFFRANCHISSEMENTS

1° En principe, l'affranchissement testamentaire était un legs ou un fidéicommis. — 2° Époque des jurisconsultes classiques : — Différences entre le legs de liberté et les autres legs. — Différences entre le fidéicommis de liberté et les autres fidéicommis. — Différences entre le legs et le fidéicommis de liberté (1). — 3° Époque de Justinien : — Il était encore intéressant sous cet empereur de distinguer le legs et le fidéicommis de liberté, pour déterminer si le *libertus* était ou n'était pas *orcinus* (2).

VI

DE LA MORTIS CAUSA CAPIO

1° Définition de la *mortis causa capio :* — On nommait ainsi toute acquisition qui, dépendant de la mort d'une personne, n'avait pas un nom particulier. — 2° Exemples (3).

VII

DES ASSIGNATIONS D'AFFRANCHI

1° Définition de l'assignation d'affranchi : — C'était le droit qui appartenait à un patron de transmettre les *jura patronatus* à l'un des descendants

(1) Gaii *Comm.*, II, §§ 263 à 267. — *Comm.*, I, §§ 42 et suiv. — Ulp., *Regl.*, II. — Dig., *Ad leg. Falcid.*, L. 34. — Cod. Just., *De fideic. libert.*, L. 6.

(2) Inst. Just., II, 24, § 2.
(3) Dig., *De mort. caus. don. et cap.*, L. 38; L. 31, § 2; L. 21.

qu'il avait sous son *patria potestas*. — 2º A quelle époque l'assignation a-t-elle été permise ? — 3º Qui pouvait assigner et au profit de qui l'assignation pouvait-elle être faite ? — 4º Quels étaient ses effets (1) ?

VIII

DE LA NOMINATION D'UN TUTEUR

1º Renvoi p. 44. — 2º En principe, la nomination d'un tuteur par testament était soumise aux règles générales des legs. — 3º Cependant il y avait quelques différences qui avaient presque toutes disparu sous Justinien ; il en a maintenu une relative aux personnes incertaines (2).

IX

DE LA LÉGITIMATION D'UN LIBER NATURALIS

1º Renvoi p. 34. — 2º La légitimation testamentaire devait être confirmée par l'empereur (3).

TITRE TROISIÈME

DES CODICILLES

(Inst. de Just., liv. II, tit. 25.)

I. Généralités : — 1º Définition des codicilles : — On nommait ainsi un acte de dernière volonté qui ne pouvait contenir l'institution de l'héritier. —

(1) Inst. Just., III, 8.
(2) Gaii *Comm.*, II, §§ 231, 234, 237,

240, 289. — Inst. Just., II, 20, § 27.
(3) Nov. 74, C. 2. — Nov. 89, C. 10.

2° Étymologie du mot *codicilli* (1).— 3° Origine des codicilles (2). — Ils sont nés en même temps que les fidéicommis qu'ils pouvaient seulement contenir à l'origine, et ils ont été sanctionnés par Auguste à la même époque. – 4° Forme des codicilles : — Époque classique (3). — Bas-Empire (4). — 5° De la clause codicillaire (5). — 6° Division des codicilles (6).

II. Des codicilles confirmés par le testament soit *in præteritum*, soit *in futurum*. — 1° Ces codicilles pouvaient contenir les mêmes dispositions que le testament, à l'exception de l'institution d'héritier, des substitutions et de l'exhérédation (7). — 2° Pour apprécier la validité des dispositions contenues dans les codicilles, il fallait se reporter, en principe, quant aux *res juris*, à l'époque de la confection du testament dont ils étaient réputés faire partie (8). — 3° Si le testament était infirmé, les codicilles tombaient (9).

III. Des codicilles non confirmés par le testament : — 1° Le testament postérieur à ces codicilles les révoquait-il tacitement (10) ? — 2° Ces codicilles ne pouvaient contenir que les dispositions qui ne supposaient pas l'existence d'un testament (11). — 3° Pour apprécier la validité des dispositions contenues dans les codicilles, fallait-il se reporter à l'époque de la confection du testament ? — 4° Si le testament était infirmé, les codicilles tombaient (12).

IV. Des codicilles sans testament : — Ils ne pouvaient contenir que les dispositions qui ne supposaient pas l'existence d'un testament. — 2° La validité des dispositions qu'ils contenaient devait s'apprécier à l'époque du décès du disposant (13). — 3° Ils n'étaient pas exposés à être entraînés dans la chute du testament, puisqu'il n'en existait aucun (14).

---

(1) Sénèque, Ep., 56 *in fine*.
(2) Inst. Just., II, 25, pr.
(3) *Ibid.*, § 3. — Ulp., *Regl.*, XXV, § 3.
(4) Cod. Just., *De codic.*, L. 8, § 3. - Inst. Just., II, 23, § 12.
(5) Dig., *De jur. codic.*, L. 1 ; L. 13, § 1. — Cod. Just., *De codic.*, L. 8, § 1.
(6) Dig., *De jur. codic.*, L. 8, pr.
(7) Inst. Just., II, 25, § 2.

(8) Dig., *De jur. codic.*, L. 7 ; L. 2, § 2.
(9) *Ibid.*, L. 3, § 2.
(10) Inst. Just., II, 25, § 1. — Dig., *De jur. codic.*, L. 5.
(11) Gaii *Comm.*, II, § 270. — Paul, *Sent.*, IV, 1, § 10. — Dig., *De confirm. tutor.*, L. I, § 1.
(12) Dig., *De jur. codic.*, L. 3, § 2.
(13) Dig., *De leg.*, 3°, L. 1, §§ 1, 5.
(14) Dig. *De jur. cod.*, L. 16.

DEUXIÈME MODE

LA SUCCESSION AB INTESTAT

(Inst. de Just., liv. II, tit. 1 à 9.)

I

GÉNÉRALITÉS

1° Définition de la succession ab intestat : — On nommait ainsi la transmission du patrimoine d'une personne morte à une ou plusieurs personnes vivantes, accomplie par la puissance directe de la loi. — Lorsque la transmission était réglée par le droit civil, on disait qu'il y avait *hereditas ab intestato* ou *legitima;* lorsqu'elle était réglée par le droit Prétorien, on disait qu'il y avait *bonorum possessio ab intestato* (1). — 2° Quand le *De cujus* mourait-il intestat (2)? — 3° Quand s'ouvrait la succession ab intestat (3)? C'était seulement au moment où il était certain que le défunt n'avait pas d'héritier testamentaire. — 4° Quel intérêt s'attachait à la fixation du jour de l'ouverture de la succession ab intestat (4). — 5° Division générale de la matière : — Distinction tirée des diverses époques qui se sont succédé en droit romain. — Distinction tirée de la qualité du défunt. — Distinction tirée des divers ordres d'héritiers. La considération de la proximité du degré ne se présentait donc que dans l'intérieur de chaque ordre. — 6° Droits de l'État (5) : — A défaut d'*heres* ou de *bonorum possessor*, la loi *Julia* déféra les *bona vacantia* à l'*ærarium* qui fut plus tard remplacé par le fisc (6). — Il ne les recueillait que comme simple successeur aux biens (7).

---

(1) Inst. Just., III, 9, pr., § 2.
(2) Inst. Just., III, 1, pr.
(3) *Ibid.*, § 7.
(4) *Ibid.*, §§ 7, 8.

(5) Cod. Just., *De bon vac.*, L. 1.
(6) Gaii *Comm.*, II, § 150. — Ulp., *Regl.*, XXVIII, § 7.
(7) Dig., *De jur. fisci*, L. 11.

II

SYSTÈME DE LA LOI DES XII TABLES

I. De la succession à l'ingénu, *justus liber*, devenu *sui juris* sans émancipation : — 1er ordre : Les héritiers siens; donc notamment la femme si
elle était *in manu*. — Ils étaient héritiers nécessaires. — La représentation
était admise. — Partage par souches (1). — 2e ordre : Les agnats. — Jurisprudence intermédiaire introduite *Voconiana ratione* (2) qui excluait les
agnates non consanguines. — Pour les femmes l'ordre des agnats se présentait nécessairement le premier. — Les agnats étaient héritiers externes. —
Y avait-il *successio* dans cet ordre (3)? — La représentation n'était pas admise.
— Partage par tête (4). — 3e ordre : Les gentils (5).

II. De la succession à l'affranchi : — 1er ordre : Les héritiers siens. —
2e ordre : Le patron et les enfants du patron (6).

III. De la succession à l'ingénu, *justus liber*, devenu *sui juris* par émancipation : — 1° En cas de *mancipium* sérieux. — 1er ordre : Les héritiers
siens. — 2e ordre : Le patron et les enfants du patron. — 2° En cas de
mancipium fiduciæ causa : — Cette hypothèse n'était pas, selon nous, prévue
par la Loi des XII Tables, mais la jurisprudence appliqua les mêmes principes. — *Quid* cependant à l'égard des enfants du patron ?

IV. De la succession au *liber naturalis* ou au *spurius*. — Ordre unique :
Les héritiers siens.

(1) Inst. Just., III, 1, §§ 1 à 6. —
Gaii *Comm.*, III, §§ 1 à 8. — Ulp.,
Regl., XXVI, § 1.

(2) Paul, *Sent.*, IV, 8, § 22.

(3) Paul, *Sent.*, IV, 8, § 21. — Inst.
Just., III, 2, § 7.

(4) Inst. Just., III, 2. — Gaii
Comm., III, §§ 9 à 16. — Ulp., *Regl.*,
XXVI, § 1 et suiv.

(5) Gaii *Comm.*, III, § 17.

(6) Inst. Just., III, 7, pr. — Ulp.,
Regl., XXVII.

III

SECTION Iʳᵉ. — Généralités.

1º Origine des *bonorum possessiones* (1) : — L'usage était que l'*heres* présentât requête au préteur pour obtenir l'envoi en possession des biens héréditaires par un décret. — Le magistrat profita de cette circonstance pour organiser, peu à peu, un système de succession ab intestat parallèle à celui du droit civil. — 2º Division des *bonorum possessiones* : — a) *Bonorum possessio* testamentaire (soit *secundum*, soit *contra tabulas*) ou ab intestat (2). — b) *B. p.* donnée *confirmandi, vel supplendi, vel impugnandi juris civilis gratia* (3). — c) *B. p. cum re* ou *sine re* (4). — Elle était *cum re* lorsqu'elle était donnée *confirmandi vel supplendi juris civilis gratia*, et *sine re* lorsqu'elle était donnée *impugnandi juris civilis gratia*. — L'utilité pratique de la *B. p.* donnée *supplendi juris civilis gratia* est évidente, mais à quoi pouvait servir la *B. p. confirmandi* et surtout *supplendi*? Interdit *Quorum bonorum*, fardeau de la preuve, usucapion *pro herede*, exceptions admises de plus en plus facilement par le droit Impérial (5). — d) *B. p. edictale* ou *decretale.* — 3º Position juridique du *bonorum possessor* (6) : — Il n'avait les choses héréditaires qu'*in bonis*, et n'avait ou ne subissait que des actions fictices (7).

SECTION II. — Énumération des *bonorum possessiones ab intestat* (8).

I. De la succession prétorienne, à l'ingénu *justus liber*, devenu *sui juris* sans émancipation : — 1ᵉʳ ordre : *Bonorum possessio unde liberi.* —

(1) Gaii *Comm.*, III, §§ 18 à 25.

(2) Inst. Just., III, 9, pr.

(3) *Ibid.*, § 1.

(4) Gaii *Comm.*, III, §§ 35 à 38. — Ulp., *Regl.*, XXVIII, §13.

(5) Gaii *Comm.*, II, §§ 120, 149.

(6) Inst. Just., III, 9, § 2. — Ulp., *Regl.*, XXVIII, § 12.

(7) Gaii *Comm.*, III, § 80. — *Comm.*, IV, § 34.

(8) Inst. Just., III, 9, §§ 3 et suiv. — *Ibid.*, III, 1, §§ 9 à 13. — *Ibid.*, III, 5, 6. — *Ibid.*, III, 7, § 1. — Gaii *Comm.*, III, §§ 35 et suiv., § 41. — Ulp., *Regl.*, XXVII. — Dig., XXXVIII, tit. 6 et suiv.

Le préteur appelait ici tous les *sui heredes*, plus ceux qui l'eussent été n'était une *minima capitis deminutio*. — Règles spéciales à l'adopté. — Le préteur accordait aux *sui* le bénéfice d'abstention. — 2ᵉ ordre : *B. p. unde legitimi (id est agnati)*. — 3ᵉ ordre : *B. p. unde cognati*. — 4ᵉ ordre : *B. p. unde vir et uxor*.

II. De la succession prétorienne à l'affranchi (1) : — 1° Du cas où le défunt avait été affranchi par un ingénu. — 1ᵉʳ ordre : *Bonorum possessio unde liberi*. — 2ᵉ ordre : *B. p. unde legitimi (id est patronus et liberi ejus)*. — 3ᵉ ordre : *B. p. tanquam (ou tum quem) ex familia (id est agnati patroni)*. — 4ᵉ ordre : *B. p. unde vir et uxor*. — 5ᵉ ordre : *B. p. unde cognati manumissoris*. — 2° Du cas où le défunt avait été affranchi par un affranchi. — 1ᵉʳ ordre : *B. p. unde liberi*. — 2ᵉ ordre : *B. p. unde legitimi (id est patronus et liberi ejus)*. — 3ᵉ ordre : *B. p. unde patronus, patrona, etc*. — 4ᵉ ordre : *B. p. unde vir et uxor*.

III. De la succesion prétorienne à l'ingénu, *justus liber*, devenu *sui juris* par émancipation : — 1° Du cas où le défunt avait été émancipé par l'*extraneus*. — 1ᵉʳ ordre : *Bonorum possessio unde liberi*. — 2ᵉ ordre : *B. p. unde decem personæ*. — 3ᵉ ordre : *B. p. unde legitimi (id est manumissor extraneus)*. — 4ᵉ ordre : *B. p. unde cognati*. — 5ᵉ ordre : *B. p. unde vir et uxor*. — 2° Du cas où le défunt avait été émancipé par le *parens*. — 1ᵉʳ ordre : *Bonorum possessio unde liberi*. — 2ᵉ ordre : *B. p. unde legitimi (id est parens manumissor)*. — 3ᵉ ordre : *B. p. unde cognati*. — 4ᵉ ordre : *B. p. unde vir et uxor*.

IV. De la succession prétorienne au *liber naturalis* ou au *spurius :* — 1ᵉʳ ordre : *Bonorum possessio unde liberi*. — 2ᵉ ordre : *B. p. unde cognati*. — 3ᵉ ordre : *B. p. unde vir et uxor*.

§ 3. — De quelques *bonorum possessiones* spéciales.

1° *Bonorum possessio uti ex legibus* (2). — 2° *B. p. ventris nomine* (3). — 3° *B. p. ex Carboniano edicto* (4).

---

(1) Tous les commentateurs n'admettent pas la classification que nous avons cru devoir adopter.

(2) Inst. Just., III, 9, § 7.
(3) Dig., *De ventre in poss. mitt.*
(4) Dig., *De Carb. edict.*

SECTION III. — Règles relatives aux diverses *bonorum possessiones*.

I. Généralités : 1° Forme de la demande (1) : — La *B. p.* devait être demandée à un magistrat du peuple Romain, et en termes solennels ; il n'y avait donc pas de *B. p.* nécessaire. — Modifications introduites sous le Bas-Empire. — 2° Délai de la demande (2). — 3° Dévolution des *bonorum possessiones* (3).

II. De la *Collatio bonorum* (4) : — 1° Époque antérieure au Bas-Empire : — *Collatio* imposée aux enfants qui venaient à l'hérédité en vertu de la *B. p. contrà tabulas* ou *unde liberi*, à raison de ce qu'ils étaient sortis de la puissance paternelle du défunt. — A qui se faisait la *collatio* lorsque l'émancipé était joint à ses enfants ? — *Collatio* imposée aux enfants à raison des libéralités qu'ils avaient reçues du défunt. — 2°) Époque du Bas-Empire. — La *collatio* pour la première cause disparut à mesure que les constitutions Impériales augmentèrent les pécules propres aux enfants restés sous la *patria potestas*. — La *collatio* pour la seconde cause reçut une plus grande extension, notamment Justinien admit en principe la *collatio* même dans les successions testamentaires (5).

III. De la séparation des patrimoines (6). — Des différents cas dans lesquels le préteur accordait la séparation des patrimoines. — Quelle était l'utilité de la séparation accordée aux créanciers du défunt? — Quels étaient ses effets relativement aux créanciers du défunt, aux créanciers de l'héritier, et à l'héritier ?

IV

SYSTÈME DU DROIT IMPÉRIAL

I. De la succession à l'ingénu, *justus liber*, devenu *sui juris* sans émancipation : — 1° Modifications dans l'ordre des héritiers siens : — *a)* Quant aux descendants par les filles (7). — *b)* Quant à l'adopté : — Snc. Sabinien ;

(1) Inst. Just., III, 9, § 10.
(2) *Ibid.*, §§ 8, 9.
(3) Dig., *De success. edicto*.
(4) Dig., liv. XXXVI, tit. 6, 7 et 8. —

Cod. Just., liv. VI, tit. 20.
(5) Nov. 18, cap. 6.
(6) Dig., liv. XLII, tit. 6.
(7) Inst. Just., III, 1 §§ 15, 16.

Réforme de Justinien (1). — 2° Modifications dans l'ordre des agnats : *a*) — Quant aux frères, sœurs ou descendants d'eux non agnats (2). — *b*) Quant à la mère à l'égard de ses enfants (3) : — Quand la mère avait été *in manu*, elle recueillait l'hérédité de son enfant en qualité de consanguine, sinon, appelée par le préteur à la B. *p. unde cognati*, elle était primée par l'ordre des agnats (4). — Lorsque la *manus* tomba en désuétude, l'iniquité de ce résultat fut corrigée par le Snc. Tertullien, qui, d'après Justinien, date d'Adrien. — Ce Snc. fit passer la mère dans l'ordre des agnats. — A quelles conditions? — *c*) Quant aux enfants à l'égard de leur mère : — Snc. Orphitien (5). — Ce Snc., qui date de Marc-Aurèle, fut la conséquence naturelle du précédent. — *d*) Quant aux agnates non consanguines (6).

II. De la succession à l'affranchi : — 1° De l'affranchi citoyen Romain. — Modifications introduites par la loi *Papia Poppea* (7). — Modifications introduites par Justinien (8). — 2° De l'affranchi Latin-Junien : — Loi *Junia Norbana*. — Le Latin-Junien ne laissait pas une hérédité; ses biens étaient recueillis par son patron *jure peculii;* conséquences. — Snc. Largien. — Édit de Trajan. — Droit de Justinien (9). — 3° De l'affranchi Déditice : — Loi Ælia-Sentia. — Elle appliquait tantôt les règles concernant l'affranchi citoyen Romain, tantôt celles qui se référaient à l'affranchi Latin-Junien (10). — Droit de Justinien (11).

III. De la succession à l'ingénu, *justus liber*, devenu *sui juris* par émancipation : — 1° Sous Justinien, l'émancipé fut réputé avoir toujours été émancipé par le *parens* (12). — 2° Cet empereur plaça l'ordre des frères et sœurs entre celui des héritiers siens et celui de l'ascendant émancipateur (13).

IV. De la succession au *liber naturalis* et au *spurius*.

V. De la succession au fils de famille : — 1° Succession au pécule adventice (14). — 1er ordre : les descendants. — 2e ordre : les frères et sœurs. — 3e ordre ; les ascendants. — 2° Succession aux pécules castrans et quasi-castrans (15). — Avant Justinien, le pécule revenait *jure peculii* à l'ascendant

(1) Inst. Just., III, 1 § 14.
(2) Inst. Just., III, 2, § 4.
(3) *Ibid.*, III, 3.
(4) Gaii *Comm.*, III, § 24.
(5) Inst. Just., III, 4.
(6) Inst. Just., III, 2, § 3.
(7) *Ibid.*, III, 7, § 2.
(8) *Ibid.*, III, 7, § 3.
(9) Gaii *Comm.*, III, §§ 55 à 73. — Inst. Just., III, 7, § 4.

(10) Gaii *Comm.*, III, §§ 74 à 76.
(11) Inst. Just., III, 7, § 4.
(12) Inst. Just., III, 9, § 4. — *Ibid.*, III, 2, § 8.
(13) Cod. Just., *Ad Snc. Tertullianum*, L. 2.
(14) Cod. Just., *De bon. quæ liber. in potest. patris.*
(15) Inst. Just., II, 12, pr.

ayant la *patria potestas*. — Sous Justinien : — 1ᵉʳ ordre : les descendants.
— 2ᵉ ordre : les frères et sœurs. — 3ᵉ ordre : les ascendants ; l'ascendant
recueillait le pécule *jure communi*.

V

SYSTÈME DES NOVELLES

I. Généralités : — 1° Quelle est la date des Novelles 118 et 127 ? —
2° Quel est leur esprit (1) ? Justinien a effacé les dernières traces du système
inique qui avait pour base la *patria potestas;* il s'est simplement proposé de
faire le testament présumé du défunt.

II. De la succession à l'ingénu : — 1° Ordre des descendants (2). —
2° Ordre des ascendants, des frères et sœurs germains ou des enfants de
frères et sœurs germains : — Du cas où il n'y avait que des ascendants. — Du
cas où il n'y avait que des frères et sœurs germains ou des enfants de frères et
sœurs germains. — Du cas où il y avait des ascendants et des frères ou sœurs
germains. — Du cas où il y avait des ascendants et des enfants de frères et
sœurs germains (3). — 3° Ordre des collatéraux : — Des frères et sœurs
consanguins ou utérins et de leurs enfants. — Des autres collatéraux (4). —
4° Ordre du mari et de la femme. — Privilège accordé à la femme par
l'authentique *Præterea* (5). — 5° Modifications apportées au système des tutelles légitimes (6).

III. De la succession à l'affranchi : — 1° Les Novelles 118 et 127 ne s'appliquaient pas à la succession à l'affranchi. — 2° Modifications apportées par
Justinien au système exposé dans les Institutes, d'après les renseignements
fournis par les Basiliques (7).

(1) Nov. 118, *præf.*
(2) *Ibid.*, cap. 1.
(3) *Ibid.*, cap. 2, 3. — Nov. 127.
(4) Nov. 118, cap. 3, 4.
(5) Nov. 53, cap. 6. — Nov. 117,

cap. 5. — Cod. Just., *unde vir et
uxor.*
(6) Nov. 118, cap 5.
(7) Basiliques, XLVIII, Tit. ultim.

TROISIÈME MODE

L'ADDICTION POUR LE MAINTIEN DES AFFRANCHISSEMENTS

(Inst. de Just., liv. III, tit. 11.)

1° On nommait ainsi l'attribution faite par le magistrat du patrimoine d'une personne morte à une personne vivante. — 2° De l'institution primitive de Marc-Aurèle : — Quelles étaient les circonstances qui devaient se trouver réunies pour qu'il y ait lieu à l'addiction? — Il fallait que le défunt ait laissé un testament qui contint des affranchissements, que personne ne se présentât pour recueillir le patrimoine, pas même le fisc (1), enfin que l'un des esclaves affranchis par le testament sollicitât l'addiction. — A quelles conditions était-elle prononcée (2) ? Celui au profit duquel l'addiction allait être prononcée s'obligeait à maintenir tous les affranchissements et à payer toutes les dettes. — Sa position juridique était la même que celle d'un *bonorum possessor* (3). — 3° Des extensions données successivement à l'institution primitive de Marc-Aurèle (4).

QUATRIÈME MODE

LA CESSIO IN JURE D'UNE HÉRÉDITÉ

I. Époque des jurisconsultes classiques : — 1° Du cas où l'héritier qui cédait l'hérédité *in jure* était externe : — *a*) Héritier ab intestat : — Effets de la cession lorsqu'elle intervenait avant l'adition d'hérédité ? — Lorsqu'elle intervenait après l'adition d'hérédité ? — *b*) Héritier testamentaire : — Effets

(1) Dig., *De manum. test.* L. 50.
(2) Inst. Just., III, 11, pr., §§ 1, 2, 4, 5, 6.

(3) Dig., *De fid. lib.*, L. 4, § 21.
(4) Inst. Just., III, 11, §§ 3, 6. 7. — Cod. Just., *De test. manum.*, L. 15.

de la cession lorsqu'elle intervenait avant l'adition d'hérédité? — Lorsqu'elle intervenait après l'adition d'hérédité ? — 2° Du cas où l'héritier qui cédait l'hérédité *in jure* était nécessaire : — Théorie des Sabiniens. — Théorie des Proculiens (1).

II. Époque de Justinien : — Ce mode d'acquisition n'existait plus.

CINQUIÈME MODE

LA SUCCESSION PAR ADROGATION

(Inst. de Just., liv. III, tit. 10.)

I. Généralités : — 1° Cette *successio* se produisait au profit de l'adrogeant et elle avait pour objet le patrimoine de l'adrogé au moment de l'adrogation. — 2° Elle découlait du droit non écrit qui avait tiré les conséquences logiques des principes de la *patria potestas* (2).

II. De l'actif : — 1° Époque des jurisconsultes classiques : — En principe tous les droits de l'adrogé passaient à l'adrogeant. — Exception quant aux droits que la *capitis deminutio* éteignait d'une manière absolue (3). — 2° Époque de Justinien : — Pourquoi l'adrogeant n'acquérait-il plus à cette époque que l'usufruit des biens de l'adrogé (4)? — Quels étaient les droits que la *capitis deminutio* de l'adrogé éteignait encore d'une manière absolue (5) ?

III. Du passif. — 1° Époque des jurisconsultes classiques : — a) *Jure civili*, les dettes de l'adrogé ne passaient pas à l'adrogeant, sauf celles qui grevaient une hérédité. — L'adrogé restait tenu *civiliter* des dettes qui avaient leur source dans un délit ; il ne devait plus que *naturaliter* celles qui avaient leur source dans un contrat. — b) *Jure prætorio*, les dettes subsistaient. — Elles pouvaient donner naissance, soit à une action fictice *rescissa capitis*

---

(1) Gaii *Comm.*, II, §§ 34 à 37. — *Ibid.*, III, §§ 85 à 87. — Ulp., *Regl.*, XIX, §§ 11 à 14.
(2) Gaii *Comm.*, III, § 82. — Inst. Just., III, 10 pr.

(3) Gaii *Comm.*, III, § 83.
(4) Inst. Just., III, 10, § 2.
(5) *Ibid.*, § 1.

deminutione poursuivie contre l'adrogé qui pouvait y défendre (1) ou contre l'adrogeant si celui-ci offrait de soutenir le procès (2), soit, d'après certains jurisconsultes, à l'action *de peculio* contre l'adrogeant (3). — Quels étaient les biens qui composaient ici le pécule ? — 2° Époque de Justinien : — L'adrogeant n'était plus tenu des dettes d'hérédité, puisqu'il n'acquérait pas l'actif. — Les créanciers pouvaient agir contre l'adrogeant si celui-ci consentait à défendre l'adrogé, sinon contre l'adrogé lui-même, mais il n'était plus question d'action fictice (4). — L'action *de peculio* était-elle encore possible dans le droit de Justinien ?

SIXIÈME MODE

LA SUCCESSION PAR CONVENTIO IN MANU

1° Renvoi aux principes posés pour le cas d'adrogation (5). — 2° Cette succession n'existait plus dans le droit de Justinien.

SEPTIÈME MODE

LA PUBLICATIO ET LA CONFISCATIO BONORUM

1° Définition de la *publicatio* et de la *confiscatio* : — C'était l'acquisition *per universitatem* qui se produisait au profit de l'*ærarium* (*publicatio*), puis plus tard au profit du fisc (*confiscatio*). — 2° Elle avait lieu surtout dans l'hypothèse de certaines condamnations criminelles : Elle était la conséquence nécessaire de toute condamnation définitive à mort ou entraînant perte de la

(1) Gaii *Comm.*, IV, § 38.
(2) Gaii *Comm.*, III, § 84. — Dig., *De capit. minut.*, L. 2, pr.
(3) Dig., *De peculio*, L. 42.
(4) Inst. Just., III, 10, § 3.
(5) Gaii *Comm.*, III, § 82 à 84.

liberté ou de la cité (1) ; elle pouvait être la conséquence d'une condamnation à la relégation ou à l'exil perpétuel (2). — Dans certains cas elle se
produisait même quand le coupable était mort sans avoir été condamné (3).
— Réserves faites au profit de certains héritiers (4). — Justinien a eu l'honneur d'abolir presque complètement cette institution (5). — 3° De l'actif : —
Tous les droits du condamné, sauf ceux éteints par la *capitis deminutio*, passaient au fisc. — 4° Du passif : — Le fisc était tenu de le payer *intra vires*,
car il n'était qu'un simple successeur aux biens, mais le préteur n'accordait
pas d'action fictice contre le condamné (6).

HUITIÈME MODE

LA SUCCESSION QUI SE PRODUISAIT LORSQU'UNE PERSONNE DEVENAIT ESCLAVE

(Inst. de Just., liv. III, tit. 12, § 1.)

1° Dans quels cas se produisait cette succession ? (Renvoi p. 28.) —
2° Justinien s'occupe exclusivement du cas où une femme libre vivait en *contubernium* avec l'esclave d'autrui (7) et il abroge cette espèce de succession (8).
— 3° De l'actif. — 4° Du passif. — Le préteur accordait des actions utiles
contre le maître, mais il ne donnait pas d'action fictice contre l'esclave (9).

---

(1) Dig., *De bon. damn.*, L. 1.
(2) Dig., *De int. et releg.*, L. 4.
(3) Dig., *De bon. cor. qui ante sent.*,
L. 3.
(4) Dig., *De bon. damn.*, L. 1 ; L. 7,
§ 2. — Cod. Just., *De bon. proscript.*
(5) Nov. 134, cap. 13.
(6) Dig., *De cap. minut.*, L. 7, §§ 2,

3. — *Ibid.*, L. 2 pr. — *Ibid.*, *Sol.
matrimon.*, L. 31. — *Ibid.*, *De jure
fisci*, L. 1, § 1.
(7) Paul, *Sent.*, II, 21.
(8) Inst. Just., III, 12, § 1.
(9) Dig., *De capit. minut.*, L. 2,
pr. ; L. 7, § 2.

NEUVIÈME MODE

LA VENDITIO BONORUM

(Inst. de Just., liv. III, tit. 12, pr.)

I. Origine de la *venditio bonorum :* — 1° D'après la loi des XII Tables, les créanciers saisissaient la personne de leur débiteur (*Nexus, addictus*). — Pouvaient-ils saisir ses biens? — 2° De la *sectio bonorum*. — C'était la vente aux enchères accomplie à la requête de l'État (1). — Elle avait notamment lieu lorsque les *quæstores ærarii* faisaient vendre en masse le patrimoine d'un débiteur de l'État (2). — Le *sector bonorum* était un successeur *per universitatem* reconnu par le droit civil ; conséquences (3). — 3° Le préteur Rutilius a, plus tard, introduit la *venditio* (4).

II. Dans quels cas avait-elle lieu? — Biens d'une personne vivante, — biens d'une personne morte (5).

III. Procédure de la *venditio :* — 1° *Missio in possessionem;* elle dessaisissait le *defraudator* de l'administration de ses biens, qui étaient grevés d'un *prætorium pignus* au profit de la masse des créanciers actuels (6). — *Proscriptiones.* — Nomination par le préteur d'un *curator* chargé d'administrer (7). — Réunion des créanciers sous la présidence du magistrat. Le *defraudator*, ou celui qui avait vocation à son hérédité s'il s'agissait du patrimoine d'une personne morte, pouvait évidemment s'y présenter et y faire certaines propositions d'arrangement; la majorité des créanciers faisait-elle la loi à la minorité (8)? — 2° Si les propositions étaient rejetées, nomination par les créan-

---

(1) Gaii *Comm.*, IV, § 146.
(2) Cic., **Pro. Flacc.**, 18. — Cod. Just., *De fid. et jur. hast.*, L. 6.
(3) Varron, *De re Rustic.*, II, 10. — Cod. Just., *De fid. et jur. hast.*, L. 6.
(4) Gaii *Comm.*, IV, § 35.
(5) Gaii *Comm.*, III, § 78.

(6) Dig., *De pign. act.*, L. 26. — Cod. Just., *De prætor. pign.*, L. 2. — Dig., *Quæ in fraud. cred.*, L. 6, § 7.
(7) Dig., *De curat. bon. dand.*, L. 2, pr.
(8) Dig., *De pact.*, L. 7, §§ 17 et seq. — L. 8, L. 10.

ciers de l'un d'eux appelé *magister bonorum* chargé de procéder à la vente (1).

Rédaction de la *lex bonorum vendendorum;* que devait-elle contenir? — L'adjudicataire était celui qui offrait de payer le dividende le plus élevé aux créanciers (2).

IV. Effets de la *venditio bonorum :* — 1º A l'égard du *defraudator :* Il était noté d'infamie (3) et restait exposé aux poursuites des créanciers : faveurs accordées à celui qui avait fait cession de biens (4). — 2º De l'*emptor bonorum :* Sa position juridique était la même que celle d'un *bonorum possessor ;* conséquences (5).

V. Désuétude de la *venditio:* — Quand a-t-elle disparu? — Pourquoi (6)? — Comment a-t-elle été remplacée par la *distractio bonorum* (7)?

(1) Gaii Comm., III, § 79. — Théophile, *hic.*

(2) Gaii Comm., III, § 79. — Théophile, *hic.*

(3) Gaii Comm., II, § 154.

(4) Cod. Just., Quib. ex caus. inf.,

L. 11. — Dig. De cess. bon., L. 6.

(5) Gaii Comm., III, §§ 80, 81. — IV, §§ 35, 145.

(6) Inst. Just., III, 12, pr.

(7) Dig., De curat. furios., L/. — Dig., liv. XLII.

TABLE DES MATIÈRES

DROIT PRIVÉ DES ROMAINS

PREMIÈRE PARTIE

DES PERSONNES (et accessoirement droit de la famille)

DEUXIÈME PARTIE

DES CHOSES (ou mieux droit du patrimoine)

LIVRE PREMIER

THÉORIE DES DROITS RÉELS

LIVRE II

THÉORIE DES MANIÈRES D'ACQUÉRIR PER UNIVERSITATEM

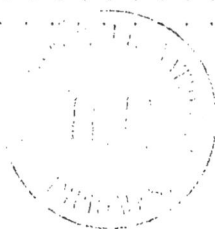

46-82. — Corbeil, imprimerie É. RENAUDET

EN PRÉPARATION

PLAN
DU
COURS DE DROIT ROMAIN
PROFESSÉ A LA FACULTÉ DE DROIT DE RENNES

PAR

M. C.-E. BODIN
Doyen de la Faculté

TOME DEUXIÈME (NOUVELLE ÉDITION)

En vente chez les mêmes Libraires

BAVELIER (A.) Dictionnaire de Droit électoral. 2ᵉ édit. 1882. 1 vol. in-8.   12 »

BERNARD. Traité théorique et pratique de l'Extradition, comprenant l'exposition d'un projet de loi universelle sur l'extradition. (Ouvrage couronné par l'Institut). 1883. 2 vol. in-8...................................   18 »

BONFILS (Henry). Traité élémentaire d'organisation judiciaire, de compétence et de procédure en matière civile et commerciale. 1883. 1 vol. in-8.,   12 50

BRAUN (Alexandre). Nouveau traité des marques de fabrique et de commerce, du nom commercial et de la concurrence déloyale, tome Iᵉʳ (marques de fabrique et de commerce). 1880. 1 fort vol. in-8.............   12 »

CALVO (Charles). Le Droit international, théorique et pratique, précédé d'un Exposé historique des progrès de la science du Droit des gens. 3ᵉ édition. 1880. 4 vol. grand in-8...........................   60 »

CALVO. Manuel de droit international public et privé, conforme au programme des facultés de droit. 1 vol. in-18........................   7 »

JOURDAN (Alfred). Cours analytique d'*Économie politique*, professé à la Faculté de droit d'Aix. 1882. 1 vol. in-8.....................   12 50

JOURDAN. Du rôle de l'État dans l'ordre économique. (Ouvrage couronné par l'Institut). 1 vol. in-8............................   8 »

LAUTOUR. Code des frais de justice en matière criminelle et correctionnelle 1881. 1 vol. in-8.................................   8 »

MARION. Tableau des peines en matière correctionnelle au point de vue de l'application de l'article 463. 1880. 1 vol. in-4°...........   5 »

MÉRIGNHAC. Traité des contrats relatif à l'hypothèque légale de la femme mariée. 1882. 1 vol. in-8............................   7 »

ROLAND. (René). De l'esprit du droit criminel, aux différentes époques, dans l'antiquité, dans les temps modernes, et d'après les nouveaux principes de la science pénitentiaire. 1880. 1 vol. in-8................   8 »

ROUSSEAU (Ad.), juge de paix du canton nord de Dourdan (Seine-et-Oise). Examen critique du projet de loi sur la compétence des juges de paix. 1 vol. in-18..................................   1 50

ROUSSEAU (R.), et **DEFERT** (A.). Code annoté des faillites et banqueroutes. 1 vol. in-8..:...............................   10 »

ROUSSEAU (Rod.). Questions nouvelles sur les Sociétés commerciales. 1882. 1 vol. in-8.................................   6 »

ROUSSEAU et **LAISNEY**. Dictionnaire théorique et pratique de procédure civile commerciale, criminelle et administrative avec formules de tous les actes. 8 vol. in-8 brochés...........................   80 »

SPLINGARD (Pierre). Des concessions de mines, dans leurs rapports avec les principes de droit civil. 1880. 1 vol. in-8...................   8 »

TESSIER. Traité de la Société d'acquêts, suivant les principes de l'ancienne jurisprudence du parlement de Bordeaux. 2ᵉ édition, revue annotée et complétée par M. P. DELOYNES, professeur de Code civil à la Faculté de droit de Bordeaux. 1881. 1 fort vol. in-8..................   10 »

TISSOT. Le Droit pénal, étudié dans ses principes, dans les usages et les lois des divers peuples du monde, ou introduction philosophique et historique à l'étude du Droit criminel. 2ᵉ édition. 1880. 2 tomes en 3 vol. in-8 .....   20 »

www.ingramcontent.com/pod-product-compliance
Lightning Source LLC
Chambersburg PA
CBHW050112210326
41519CB00015BA/3927